EDMOND DE GONCOURT

LES FRÈRES
ZEMGANNO

PARIS
G. CHARPENTIER, ÉDITEUR
13, RUE DE GRENELLE-SAINT-GERMAIN, 13

1879
Tous droits réservés

LES FRÈRES
ZEMGANNO

IL A ÉTÉ TIRÉ

Cent exemplaires numérotés sur papier de Hollande

Prix : 7 fr.

DU MÊME AUTEUR :

LA FILLE ÉLISA. 24⁰ *édition*............... 1 vol.

ROMANS DE MM. ED. ET J. DE GONCOURT

CHARLES DEMAILLY..................... 1 vol.
SŒUR PHILOMÈNE... .... 1 vol.
RÉNÉE MAUPERIN............. .... 1 vol.
GERMINIE LACERTEUX................. 1 vol.
MANETTE SALOMON......... .... 1 vol.
MADAME GERVAISAIS............. . ..... 1 vol.

A

MADAME ALPHONSE DAUDET

PRÉFACE

On peut publier des *Assommoir* et des *Germinie Lacerteux*, et agiter et remuer et passionner une partie du public. Oui ! mais, pour moi, les succès de ces livres ne sont que de brillants combats d'avant-garde, et la grande bataille qui décidera de la victoire du réalisme, du naturalisme, de l'*étude d'après nature* en littérature, ne se livrera pas sur le terrain que les auteurs de ces deux romans ont choisi. Le jour où l'analyse cruelle que mon ami, M. Zola, et peut-être moi-même, avons apportée dans la peinture du bas de la société, sera reprise par un écrivain de talent, et employée à la reproduction des hommes et des femmes du monde, dans des milieux d'éducation et de distinction, — ce jour-là seulement, le classicisme et sa queue seront tués.

Ce roman réaliste de l'élégance, ça avait été notre ambition à mon frère et à moi de l'écrire. Le Réalisme, pour user du mot bête, du mot drapeau, n'a pas en effet l'unique mission de décrire ce qui est bas, ce qui est répugnant, ce qui pue, il est venu au monde aussi, lui, pour définir dans de l'écriture *artiste*, ce qui est élevé, ce qui est joli, ce qui sent bon, et encore pour donner les aspects et les profils des êtres raffinés et des choses riches : mais cela, en une étude appliquée, rigoureuse, et non conventionnelle et non imaginative de la beauté, une étude pareille à celle que la nouvelle école vient de faire, en ces dernières années, de la laideur.

Mais pourquoi, me dira-t-on, ne l'avez-vous pas fait ce roman? ne l'avez-vous pas au moins tenté. Ah, voilà !... Nous avons commencé, nous, par la canaille, parce que la femme et l'homme du peuple plus rapprochés de la nature et de la sauvagerie, sont des créatures simples et peu compliquées, tandis que le parisien et la parisienne de la société, ces civilisés excessifs, dont l'originalité tranchée est faite toute de nuances, toute de demi-teintes, toute de ces riens insaisissables, pareils aux riens coquets et neutres avec lesquels se façonne le caractère d'une toilette distinguée de femme, demandent des années pour qu'on les perce, pour qu'on les sache, pour qu'on les *attrape* — et le romancier du plus grand génie, croyez-le bien, ne les devinera jamais ces gens de salon, avec les *racontars* d'amis qui vont pour lui à la découverte dans le monde.

Puis autour de ce parisien, de cette parisienne, tout est long, difficile, diplomatiquement laborieux à saisir. L'intérieur d'un ouvrier, d'une ouvrière, un observateur l'emporte en une visite ; un salon parisien, il faut user la soie de ses fauteuils pour en surprendre l'âme, et confesser à fond son palissandre ou son bois doré.

Donc ces hommes, ces femmes, et même les milieux dans lesquels ils vivent, ne peuvent se rendre qu'au moyen d'immenses emmagasinements d'observations, d'innombrables notes prises à coups de lorgnon, de l'amassement d'une collection de *documents humains*, semblable à ces montagnes de calepins de poche qui représentent, à la mort d'un peintre, tous les croquis de sa vie. Car seuls, disons-le bien haut, les documents humains font les bons livres : les livres où il y a de la vraie humanité sur ses jambes.

Ce projet de roman qui devait se passer dans le grand monde, dans le monde le plus quintessencié, et dont nous rassemblions lentement et minutieusement les éléments délicats et fugaces, je l'abandonnais après la mort de mon frère, convaincu de l'impossibilité de le réussir tout seul... puis je le reprenais... et ce sera le premier roman que je veux publier. Mais le ferai-je maintenant à mon âge? c'est peu probable... et cette préface a pour but de dire aux jeunes, que le succès du réalisme est là, seulement là, et non plus dans le *canaille littéraire*, épuisé à l'heure qu'il est, par leurs devanciers.

Quant aux FRÈRES ZEMGANNO, le roman que je publie aujourd'hui : c'est une tentative dans une réalité poétique (1). Les lecteurs se plaignent des dures émotions que les écrivains contemporains leur ap-

(1) A propos de la réalité que j'ai mise autour de ma fabulation, je tiens à remercier hautement M. Victor Franconi, M. Léon Sari, et les frères Hanlon-Lees qui ne sont pas seulement les souples gymnastes que tout Paris applaudit, mais qui raisonnent encore de leur art comme des savants et des artistes.

portent avec leur réalité brutale; ils ne se doutent guère que ceux qui fabriquent cette réalité en souffrent bien autrement qu'eux, et que quelquefois ils restent malades nerveusement pendant plusieurs semaines du livre péniblement et douloureusement enfanté. Eh bien, cette année, je me suis trouvé dans une de ces heures de la vie, vieillissantes, maladives, lâches devant le travail poignant et angoisseux de mes autres livres, en un état de l'âme où la vérité trop vraie m'était antipathique à moi aussi ! — et j'ai fait cette fois de l'imagination dans du rêve mêlé à du souvenir.

EDMOND DE GONCOURT.

23 mars 1879

LES
FRÈRES ZEMGANNO

I

En pleine campagne, au pied d'un poteau d'octroi dressé dans un carrefour, se croisaient quatre routes. La première, qui passait devant un château Louis XIII moderne où sonnait le premier coup du dîner, s'élevait par de longs circuits au haut d'une montagne abrupte. La seconde bordée de noyers, et qui devenait au bout de vingt pas un mauvais chemin vicinal, se perdait entre des collines aux flancs plantés de vignes, aux sommets en friche. La quatrième côtoyait des carrières de *balast* encombrées de claies de fer à trier le sablon et de tombereaux aux roues cassées. Cette route, à laquelle aboutissaient les trois autres, menait par un pont, sonore sous les voitures, à une petite ville bâtie en amphithéâtre sur des rochers, et isolée par une grande rivière dont un détour, coulant à travers des *plantages*, baignait l'extrémité d'un pré touchant au carrefour.

Des oiseaux traversaient à tire d'ailes le ciel encore ensoleillé, en poussant de petits cris, de petits bonsoirs aigus. Du froid descendait dans les ombres des arbres et du violet dans les ornières des chemins. On n'entendait plus que de loin en loin la plainte d'un essieu fatigué. Un grand silence montait des champs vides et désertés de la vie humaine jusqu'au lendemain. L'eau même de la rivière, dont les rides ne s'apercevaient qu'autour d'une branche qui trempait, semblait perdre son activité fluide, et le courant paraissait couler en se reposant.

Alors dans la route tortueuse qui descendait de la montagne, débouchait avec le bruit de ferraille d'une machine à enrayer détraquée, une guimbarde étrange, attelée d'un cheval blanc poussif. C'était une immense voiture peinte d'une large bande orange sur sa couverte de zinc oxydée et rouillée, et qui avait devant une espèce de petit porche, où un brin de lierre, planté dans une marmite rapiécée, accrochait un fronton de verdure voyageuse que secouait chaque cahot. Cette voiture était bientôt suivie d'une bizarre charrette verte dont la partie supérieure, abritée d'un toit, s'évasait et se renflait au-dessus de ses deux grandes roues, à la manière de ces larges flancs de *steamboat*, dans lesquels s'étagent les lits pour le coucher des passagers.

Au carrefour, un petit vieillard aux grands cheveux gris, aux mains tremblotantes, se jetait au bas de la première voiture, et dans l'instant qu'il dételait, une jeune femme se montrait sous le porche garni de lierre. Elle avait jeté, sur le haut du corps, un long châle carré, tandis que ses cuisses et ses jambes seulement couvertes d'un maillot apparaissaient comme des morceaux de nudité. Ses mains croisées sur sa poitrine, remontant petit à petit par des mouvements frileux le long de ses épaules, serraient le lainage autour de son cou, pendant que, hanchant sur une jambe, elle battait avec un pied la mesure de la parade de tous les jours. Et elle restait ainsi quelque temps, la tête retournée et penchée en arrière sur son épaule, dans un joli mouvement de colombe, le profil perdu dans l'ombre avec de la lumière dans les cils, et disant des mots de tendresse, des paroles amoureuses à un être encore dans l'intérieur de la voiture.

Le vieillard, le cheval dételé, le brancard ôté, plaçait avec un soin amoureux un marchepied sous la voiture, et la femme descendait, après avoir reçu dans ses bras un bel enfant à la courte chemise, un enfant plus grand et plus fort que les enfants que l'on a l'habitude de voir allaiter. Elle écartait son châle et donnait le sein à son fils, tout en marchant sur ses jambes roses, à petits pas lents, vers la rivière, accompagnée d'une autre femme, qui de temps en temps embrassait la chair nue de l'enfantelet, et de temps en temps se penchait à terre pour cueillir *une dent de chien* qui fait de la très excellente salade.

De la seconde voiture étaient sortis des gens et des bêtes. D'abord un caniche larmoyant et pelé qui, de bonheur d'être à terre, livrait un moment une furieuse chasse à sa queue. Puis des volailles se perchant aussitôt avec des battements d'ailes heureux sur la voiture. Ensuite c'était un adolescent dont la vareuse boutonnait sur un torse sans chemise, et qui se perdait à travers le paysage, allant à l'aventure. Après lui, venait un colosse au cou de la même grosseur que sa tête, et qui avait au lieu et place de front une broussaille laineuse. Et encore un pauvre diable vêtu de la plus lamentable redingote qui ait jamais été portée par un humain, reniflant un reste de tabac dans un cornet de papier. Enfin, lorsque la charrette verte paraissait vidée, se faisait voir un individu cocasse, dont la bouche semblait fendue jusqu'aux oreilles par un restant de peinture mal effacée. Bâillant avec cette bouche, il s'étirait longuement...... apercevait la rivière, disparaissait au fond de la voiture, et reparaissait coiffé de balances à pêcher des écrevisses.

Et moitié courant, et moitié faisant la roue, le grotesque personnage vêtu d'une souquenille couleur caca d'oie aux arabesques noires, et découpée en dents de scie, arrivait au bord de l'eau. Abaissé sur la rivière, là était un vieux saule dont il ne restait qu'une moitié, au lisse et aux veines d'un arbre de pierre blanche, avec dans le creux des mousses vertes et des amoncellements de terreau brun, un saule dont la tête encore vivace poussait des scions et des rejets tout emmêlés de liserons. Au bas le piétinement des pêcheurs avait creusé dans l'herbe usée comme un petit escalier. Le pitre s'y glissait à plat ventre, et penché sur la transparence de cette eau, où le glaiseux de la berge, où le roux des racines s'effaçaient bien vite dans le bleuâtre d'un lit profond, son image ridicule mettait en fuite une troupe de poissons qui disparaissaient ainsi que des flèches obscures portées sur des ailerons lumineux.

La mère, son enfant au sein, regardait au milieu des ombres allongées sur la rivière le soleil abaissé à l'horizon et faisant en un endroit du courant une colonne de braise tournoyante ; elle regardait les vaguettes roulant à la fois brisés et l'azur du haut du ciel et la pourpre du couchant ; elle regardait avec des yeux fixes et profonds sur la surface miroitante les rapides glissements et le patinage sans trêve des araignées aux longues pattes... aspirant par moment, avec de petits gonflements de bête dans les narines, la senteur des menthes de la rive, portée sur une brise qui venait de s'élever.

« Eh ! la *Talochée*, aux fourneaux ! »

C'était la basse taille de l'Hercule qui, assis sur une caisse au milieu du pré, et les pieds dans des bottines à la fourrure héroïque, épluchait des pommes de terre avec la tendresse de gestes d'une douceur infinie.

La *Talochée* remontait vers les voitures suivie de la mère de l'enfant, qui se mêlait aux préparatifs du souper, silencieuse, ne touchant à rien, et donnant des ordres à peu près ainsi qu'il se fait dans une pantomime.

Pendant ce, le vieux aux cheveux gris, qui venait d'attacher les deux chevaux à une barrière, passait une veste écarlate de hussard, aux brandebourgs et au passepoil d'argent, et prenant un arrosoir, se dirigeait vers la ville.

Le bleu du ciel était devenu tout pâle, presque incolore, avec un peu de jaune à l'Ouest, un peu de rouge à l'Est, et quelques nuages allongés d'un brun foncé zébraient le zénith comme de lames de bronze. De ce ciel défaillant tombait, imperceptiblement, ce voile grisâtre qui dans le jour encore existant apporte l'incertitude à l'apparence des choses, les fait douteuses et vagues, noie les formes et les contours de la nature qui s'endort dans l'effacement du crépuscule : cette triste et douce et insensible agonie de la vie de la lumière. Seul dans la petite ville aux maisons blêmes, le réverbère placé en tête du pont brillait encore d'un étincellement de jour sur le verre de sa lanterne, mais déjà le chevet de sa grande église aux étroites fenêtres ogivales se détachait ténébreusement violacé sur l'argent blafard du couchant. Et la campagne ne paraissait plus qu'un espace confus. Et la rivière qui avait pris successivement des verdeurs intenses, puis des tons d'ardoise, n'était plus qu'un murmure sans couleur dans lequel les ombres des arbres mettaient de grandes taches diffuses d'encre de Chine.

Cependant le souper était poussé activement. Un fourneau avait été apporté dans le pré auprès de la rivière. Il y cuisait dessus quelque chose au milieu des pommes de terre pelées par l'Hercule. Trois ou quatre fois dans un chaudron, le pitre avait jeté des écrevisses faisant en tombant contre le cuivre un bruit crépitant et mouillé. Le vieux à la veste de hussard revenait avec son arrosoir plein de vin. La *Talochée* plaçait des assiettes ébréchées sur le tapis où s'exécutaient les tours de force, et autour du tapis, les hommes de la troupe, tirant de la poche leurs couteaux, avaient pris place en des allongements paresseux.

De la nuit venait dans le jour mort. Un point de feu brillait à une maison tout au fond de la grande rue de la ville.

Tout à coup, la poitrine nue, débouchait d'un plantage le jeune homme, portant enfermé dans sa vareuse un animal qui se débattait. A la vue de la bête, une petite joie presque cruelle éclairait le visage de la femme au maillot, qui un moment semblait se ressouvenir et dont les pensées remontaient son passé.

« De la terre, » fit-elle en frappant ses deux mains l'une contre l'autre, avec une voix de *contralto*, une voix de gorge aux notes bizarres et un peu troublantes.

Et on la voyait bientôt, avec toutes sortes d'adresses félines, et sans se piquer, envelopper dans une boule de glaise, le hérisson vivant, tandis que le vieux allumait avec des branches sèches un énorme foyer flambant.

La troupe commençait à souper. Les hommes buvaient à la ronde dans l'arrosoir. La *Talochée* mangeait debout, un œil au fourneau, quelquefois une main au plat qu'elle passait.

La femme au maillot, qui avait mis son enfant auprès d'elle sur un coin du tapis, soupait de sa vue et avec des yeux qui semblaient vouloir entrer dans sa chair aimée. Le repas était silencieux ainsi que les repas entre des gens affamés, fatigués, et distraits sous des branches, au bord d'un fleuve, par les spectacles d'une nuit d'été, des vols d'oiseaux nocturnes, des sauts de poissons, des allumements d'étoiles.

« Ma place, » faisait le pitre en bousculant avec rudesse l'homme à la lamentable redingote, le trombone de la troupe. Et le pitre se mettait à manger goulument, pendant que s'élevait un instant dans le ciel éteint une sonnerie qui avait l'air de sortir d'une lointaine cloche de cristal, de lents tintements, d'angéliques ondes sonores, une musique célestement mélancolique et si étroitement fondue dans l'air du soir, que lorsqu'elle cessa, elle semblait encore s'entendre.

La terre où cuisait le hérisson était devenue une poterie, l'Hercule la cassait d'un coup de cognée, et l'animal, dont la peau se détachait avec les piquants, était partagé entre la table. La femme au maillot en prenait un petit morceau qu'elle *suçotait* avec des lenteurs gourmandes.

L'enfant, aux côtés de sa mère, avait, peu à peu, de ses pieds et de ses mains repoussé les assiettes ; et maître et possesseur unique du tapis, il s'était endormi au beau milieu, le ventre à l'air.

Tout le monde jouissait de la belle soirée stridente du chant des cigales, frissonnante du *friselis* de la feuillée parmi les cimes des hauts peupliers ; et dans la somnolente rêverie de l'obscurité, des souffles tièdes passaient sur les figures comme des caresses et des attouchements chatouilleurs. Même parfois, la sombre envolée d'un oiseau au-dessus d'un ruisseau coulant morne dans un fourré de gigantesques orties, dont les feuilles à cette heure avaient l'air d'être en papier noir, jetait un petit effroi, qui n'était pas sans charme, chez les deux peureuses femmes.

Soudainement, la lune se dégageant des arbres, tombait en plein sur l'enfant dormant, qui comme chatouillé par sa blanche clarté, se mettait à remuer la grâce de son corps nu dans des mouvements indolents. Son visage souriait à des choses invisibles et ses doigts ouverts avaient d'ingénus tâtonnements du vide. Puis dans l'éveil du bambin, dans sa mobilité devenant plus rapide, arrivait une souplesse, une élasticité singulière que l'on pouvait croire produites par des os flexibles. On voyait sa petite main prendre son pied rose et le porter à sa bouche comme s'il voulait le téter. Et vraiment, il était charmant et digne du pinceau d'un poète, le tableau de cette petite tête bossuée où s'effilaient de blondes mèches follettes, de ces yeux limpides aux orbites profonds et

mous, de ce petit nez camus qu'on aurait dit
écrasé par le sein de sa nourrice, de cette
bouche au renflement boudeur, de ces joues
rebondies, de ce ventre douillettement ron-
dissant, de ces cuisses charnues, de ces mollets potelés, de ces pieds dodus, de ces mains
mignonnes ; de cette grassouillette chair
ayant des plis à la nuque, aux poignets, aux
cous-de-pied, et des fossettes aux coudes,
aux fesses, aux joues ; de cette chair *lactée*
illuminée et rendue pâlement transparente
par la lumière opaline de la Lune.

Pendant que la mère extasiée contem-
plait son dernier né, le jeune homme à la
vareuse, un genou en terre, s'essayait à recevoir et à tenir en équilibre un ballon sur
le plat d'une baguette, souriait à son petit
frère, recommençait son tour.

Tous, au milieu de la grande nature et
de la calme nuit, revenaient instinctivement
au travail du jour et aux occupations du métier qui devaient donner à manger à la troupe

le lendemain. Dans la voiture le vieillard, sa veste de hussard au dos, feuilletait de vieux papiers à la lueur d'une chandelle. En un coin du paysage où luisait encore un peu de lune, la *Talochée* et le trombone, qui devait être utilisé le lendemain dans un intermède comique, répétaient une scène de soufflets : — la femme apprenant à l'innocent, au lieu de les recevoir, à les frapper dans ses mains.

Quant au pitre, il était retourné à ses balances. Et assis sous le saule, dont le feuillage en éventail, gris et grêle, semblait sur sa tête la moitié d'une énorme et poussiéreuse toile d'araignée, il sommeillait fantastique, les semelles dans l'eau, incliné sur le trou glauque où dormait tout au fond le reflet d'une étoile.

II

Le directeur de la troupe, le vieillard à la veste de hussard, *il signor Tommaso Bescapé*, un italien roux devenu presque tout blanc, montrait à qui le regardait, toujours agités et tiraillés dans une mobilité pareille à un *tic*, des yeux perçants, un nez spongieux, une bouche sardonique, un menton rasé, une physionomie de mime, battus de longs cheveux couleur de poussière rutilante.

Dans sa patrie Tommaso Bescapé avait été successivement un peu cuisinier, un peu chanteur, un peu expert en coraux et en lapis-lazuli, un peu teneur de livres chez une marchande de chapelets de la *Via Condotti*, un peu *cicerone*, un peu gentilhomme d'ambassade, lorsqu'une tourmente de son existence hasardeuse le jetait en Orient, où le polyglotte et le parleur de toutes les langues et de tous les dialectes en quelques jours, devenait *drogman* des excursionnistes en Palestine; puis après avoir tâté d'une infinité de professions inconnues et excentriques, il se faisait *loupeur* en Asie Mineure. Organisation singulière que celle de cet italien, inépuisable en expédients et en ressources, et propre à toutes les industries, et habile à tous les raccommodages de choses et d'êtres, et se plaisant aux métamorphoses et aux avatars d'une vie qui était comme une succession de changements à vue des théâtres, et traitant la misère des entr'actes avec l'espèce de gaieté gouailleuse qui rit dans les conteurs du seizième siècle, et gardant au milieu des désastres les plus désespérants la confiance américaine dans le lendemain :

par là-dessus grand contemplateur de la nature, et fort amusé des spectacles gratis qu'elle donne aux gens vaguant à pied à travers les cinq parties du monde. Après s'être promené plusieurs années dans le voisinage de l'ancienne Troie, paresseusement occupé à découvrir des *loupes* : les excroissances des noyers de ce pays avec lesquels on fabrique des plaquages de meubles très appréciés en Angleterre ; un jour on retrouvait Bescapé contrôleur au *Circo Olympico* de Péra, cumulant les fonctions de comptable avec celles d'écuyer quand les exigences du service le demandaient. Là, pendant qu'il était assez maigrement appointé, naissait chez l'italien l'idée d'un commerce tout nouveau pour l'époque. Au turc fumant sa pipe à la porte d'un café, il enlevait le tapis qu'il avait sous lui en lui donnant un *méjidié*, et quelques jours après, ce tapis il le revendait à un touriste. Et la vente réussissant, et la confiance lui venant, il se mettait à acheter dans les bazars des piles entières, dont il lui suffisait de voir l'envers avec la science qu'il commençait à avoir de ce commerce et la connaissance qu'il possédait de la paresse des marchands ottomans. Bientôt même, outre le petit dépôt qu'il tenait chez lui, il entrait en relations avec un correspondant à Londres et un correspondant à Paris, où commençait l'achat par quelques artistes de ces inimitables produits fabriqués par des populations coloristes, et dans la trame desquels souvent, parmi les nuances féeriques, une petite mèche de cheveux, laissée de distance en distance, marque la tâche de chaque jour de la femme qui, lentement et amoureusement, a tissé le tapis à son foyer de soleil. Par ce négoce, Bescapé devenait presque riche, et cette richesse lui donnait avec la sagesse la tentation de devenir le maître quelque part. Cela quand Lestrapade, le directeur du *Circo Olympico*, lui proposait de l'accompagner avec la troupe dans l'Extrême-Orient, où il rêvait de faire une grande fortune. Bescapé causait avec les camarades, sondait ceux qui éprouvaient de la répugnance à entreprendre un tel voyage, et avec sa facile parole et son bavardage presque éloquent, leur persuadait de se mettre sous sa direction, et de le suivre en Crimée, où d'après des renseignements positifs, il avait l'assurance qu'un cirque serait accueilli avec la plus grande faveur.

Lestrapade, abandonné d'une dizaine d'artistes, ne renonçait pas à son aventureux projet. Un matin, avec une troupe encore assez considérable, il partait pour Moscou, gagnait Viatka, traversait toute la Sibérie, faisait le coup de fusil avec les Mongols dans le désert de Gobi, avait la plus grande partie de son monde tué, perdait tous ses chevaux, et parvenait par un miracle à Tien-Tsin n'ayant plus avec lui que sa fille, son gendre et un clown. Il arrivait à Tien-Tsin, l'intrépide directeur, le lendemain du massacre du consul et des sœurs de charité : mais, sans s'effrayer ni se décourager, il se remettait en route, et attrapait enfin Shanghaï, où, remontant sa troupe avec des matelots et des poneys chinois, il s'embarquait pour le Japon.

Tommaso Bescapé, lui, après avoir fait l'achat du matériel nécessaire, était parti pour Symphéropol où son cirque avait un énorme succès. Le rusé diplomate qu'était au fond l'italien, avait eu l'esprit, à son arrivée à Symphéropol, de se mettre en rapport avec les officiers, de placer, pour ainsi dire, son spectacle sous leur patronage, et de faire de ces messieurs gagnés par ses amabilités, son entrain d'esprit, sa bonne enfance rieuse, les proneurs et les achalandeurs de l'entreprise. De là, une communauté d'existence et des nuits, pendant lesquelles on allait réveiller le quartier des Bohémiens, et où dans la circulation des plateaux de fer aux fruits grossièrement peints et chargés de pâtisseries et au milieu des flots de *Champagne du Don*, les officiers et le directeur restaient jusqu'à l'aube à voir danser les bohémiennes. Dans ces nuits, Tommaso Bescapé, qui avait été d'une nature amoureuse toute sa vie, en dépit de ses cinquante ans sonnés, se prenait pour une jeune bohémienne d'une passion telle qu'en inspirent ces danseuses de grâce maudite. La danseuse éprouvait pour le directeur la répugnance d'une fillette pour un vieillard en même temps que l'antipathie d'une *Rommy* pour un *Giorgio*. Audotia Roudak, la mère de la danseuse, qui se trouvait être une entremetteuse, avait toutefois des préjugés à l'endroit de son sang, et ne consentait à lui vendre sa fille — et encore pour une somme où passaient tout l'argent conquis dans la vente des tapis et le gain de sa première année à Symphéropol, — à lui vendre qu'en légïtime mariage. Et c'était chez le vieux mari pour cette jeune femme qui l'avait épousé avec une horreur non cachée, et dont les froideurs duraient tout le temps de leur mariage, une adoration tenant du sortilège, et qui, sous les tourments de la jalousie, le chassait de Crimée six mois après leur union, et qui lorsqu'il fut père le laissait indifférent à l'enfance de ses enfants, comme si les tendresses et les chaleurs de son cœur appartenaient tout entières et sans partage à la créature enchanteresse.

Le Bescapé avait ramené sa troupe en Italie, et de là presque aussitôt était passé en France, où avec les années, éliminant petit à petit les écuyers et les chevaux, et réduisant son personnel aux proportions modestes commandées par la diminution des recettes et le progrès de la concurrence, il donnait des représentations depuis une dizaine d'années, près de neuf mois tous les ans, rentrant avec l'hiver dans son pays natal, et travaillant pendant le mauvais et dur temps en Lombardie et en Toscane.

Tommaso Bescapé était mieux qu'un saltimbanque. Il possédait des connaissances sur une foule de choses venues on ne sait d'où, une instruction de hasard non apprise dans des livres, mais de la bouche de tous les individus de toutes les nations qu'il s'était plu à interroger et à faire causer sur les chemins et ailleurs ; il avait beaucoup feuilleté l'humanité et de toutes sortes. Il était encore doué d'une faculté : du don comique, de l'imagination farce. Il inventait de petites scènes drolatiques très amusantes. Et toujours plongé, lorsqu'il était inoccupé, dans une collection de vieux *scenario* de pantomimes italiennes, il en tirait vraiment parfois un très joli et très intelligent parti.

Stépanida, en notre langue Etiennette, et qu'on appelait par le diminutif de son nom de là-bas, Steuchâ, encore toute jeune pour une femme deux fois mère, était belle d'une beauté sauvage, pleine d'insolences hautaines dans le port et la marche. Sa chevelure touffue, vivace, se tordait en grosses mèches révoltées au-dessus d'un ovale aminci et suave, un ovale de miniature indienne. En ces yeux il y avait de noires clartés électriques, et dans le teint ténébreux de la créature songeuse une naturelle petite coloration rose sous les paupières, semblable à une légère pointe de fard effacée, et, par moments, montait à ses lèvres sérieuses un sourire indéfinissablement étrange. L'originalité de cette beauté s'accommodait au mieux avec le paillon, le clinquant, le chrysocale, l'orient des colliers de perles fausses, la grosse verroterie des diadèmes de baraque, les zigzags de l'or et de l'argent dans les oripeaux aux voyantes couleurs.

Mariée à un *giorgio*, à un étranger, — fait rare, — la bohémienne, à l'imitation de sa race qui depuis des siècles se refuse à l'assimilation avec la famille européenne, était restée une fille de ces primitives populations vagabondantes de l'Himalaya, de ces Jatt vivant depuis le commencement du monde, sous le ciel ouvert, de rapines et d'industries d'adresse manuelle. Dans la cessation de tout commerce avec les siens, dans la mêlée de sa chair avec un chrétien, dans la communion de toutes ses journées avec des hommes de France et d'Italie, elle se tenait à l'écart des idées, des tendances, des habitudes d'esprit, du génie intime et de la vie intérieure de ses co-vivants, par une retraite rêveuse au fond d'elle-même, par un enfoncement obstiné dans son passé, par l'entretien religieux des penchants, des goûts, des croyances de sa mystérieuse ascendance. Elle vivait en une communication bizarre et incompréhensible avec un souverain mystérieux de sa race, avec un Prêtre-Roi lointainement vague, et dont les rapports avec ses sujets semblent avoir lieu par l'entremise des voix de la nature, lui offrant son adoration dans le secret d'un culte superstitieux auquel se mêlaient confusément les pratiques de toutes les religions, envoyant chercher par son petit enfant, près des sacristains de certaines églises, des bouteilles d'eau bénite dont elle aspergeait l'intérieur et les chevaux de la voiture roulante.

Le corps seul de Stépanida pour ainsi dire était avec le monde européen et occidental de la troupe, mais sa pensée était toujours absente et au loin, et toujours ses grands yeux, fièrement errants, finissaient par se tourner, ainsi que certaines fleurs, vers l'Orient. Et Stépanida n'appartenait à sa patrie d'adoption forcée, à ses relations de rencontre que par un seul lien, par une maternité furieuse, presque animale pour son dernier né, pour son beau petit Lionello, dont le nom dans sa bouche s'était raccourci en celui de Nello.

Du reste, en dehors de sa maternité, la bizarre femelle, avec son insouciance de la bonne ou de la mauvaise fortune, avec sa naturelle incompréhension du bien et du mal, avec son incomplète mémoire des événements et avec encore la perception obtuse des choses environnantes, particulière à certains peuples de l'Extrême-Orient, semblait une femme mal éveillée d'un songe et vivant sur la terre sans être tout à fait certaine de l'existence de sa personne en un monde bien réel.

Le fils aîné du directeur de la troupe, Giovanni, Gianni ainsi qu'on l'appelait, avait un corps d'adolescent dans la jeunesse duquel commençait à se formuler le dessin de la force, et où déjà le carré naissant des muscles s'apercevait au milieu de l'effort et de l'action. Dans ses bras roulaient presque les rondeurs concassées des biceps d'athlète; ses pectoraux se détachaient avec la petite saillie plate des bas-reliefs antiques; et sur ses reins chaque mouvement de son torse faisait courir, un moment, sous sa peau, le modelage de larges attaches nerveuses aux insertions profondes. Il était grand avec de belles et longues jambes, cette beauté de l'académie de l'homme, cette gracieuse et serpentante filée de formes à la fois sveltes et denses, et dont les méplats rigides, semblables sur ses mollets aux lames de bronze d'une cnémide, s'amincissaient avec des délicatesses ténues aux jarrets et aux chevilles. On remarquait enfin chez le jeune homme la longueur des tendons : signe de faiblesse chez tout le monde, signe de vigueur chez les gymnastes, et qui leur donne, dans le raccourcissement d'un muscle contracté, toute l'épaisseur ramassée et gonflée de sa longueur.

Dans ce monde, où le plus grand nombre des hommes et des femmes est bien souvent amené et retenu par le goût de la vie errante et vagabonde qu'on y mène, Gianni lui se sentait l'amour, la passion de sa profession. Il aimait son métier et ne l'eût changé contre nul autre. Il était acrobate par vocation. Il n'y avait jamais chez lui de fatigue pour recommencer un exercice qu'on lui demandait, et son corps, en mouvement dans les applaudissements, semblait ne vouloir jamais s'arrêter. Il éprouvait des contentements infinis de l'accomplissement satisfaisant d'un tour, de l'élégance et de la correction de sa réussite. Ce tour à l'écart, et pour lui seul, il le travaillait et le retravaillait, s'efforçant de l'améliorer, de le perfectionner, de lui donner la grâce, la prestesse, la magie avec lesquelles l'adresse et l'agilité triomphent d'apparentes impossibilités du monde physique. Les nouveaux tours qu'il ne savait pas et dont le bruit venait jusqu'à la baraque de son père, il les cherchait avec des chagrins et des désespoirs comiques, les poursuivait obstinément jusqu'à ce qu'il les eut trouvés. Et sa première interrogation aux gens d'une troupe qu'il croisait sur une route était toujours : « Eh bien, y a-t-il un tour nouveau à Paris ? »

Il passait des nuits agitées, de ces nuits *d'a-*

batteurs d'arbres, en lesquelles recommence l'ouvrage du jour dans le cauchemar de la fatigue, des nuits batailleuses avec son matelas, et où le corps de Gianni continuait en rêve les exercices violents de sa profession.

Quant au second fils, il n'était encore que ce bambin à la mamelle que sa mère, dans son étroite et indénouable maternité, s'entêta à nourrir jusqu'à près de trois ans, en sorte qu'on voyait le garçonnet quitter les enfants avec lesquels il jouait, pour aller téter sa nourrice, et bientôt revenir en courant à ses petits camarades.

La force dans la douceur et l'inoffensivité : c'était l'Hercule de la troupe avec une paresse et une économie singulières des mouvements de son corps, quand il ne travaillait pas. On le voyait toujours dans des poses assommées, écraser de l'affaissement de son lourd torse les chaises et les bancs craquant sous lui, — et ayant un peu sur la figure de l'animalité hagarde des faunes de Prudhon, et dans sa bouche, d'ordinaire entr'ouverte, des dents de loup. Doué d'un appétit extraordinaire et que rien ne pouvait rassasier, il disait n'avoir jamais mangé pendant sa vie une seule fois tout son saoûl; et cela le faisait mélancolique à la façon d'un estomac qui aurait éternellement le sentiment du vide.

Le crâne rasé à la façon d'un teigneux, le pitre avait une de ces têtes *moyenâgeuses* telles que le peintre Leys en a encore trouvé pour ses tableaux quelques modèles dans le vieux Brabant autrichien. Vous auriez dit les traits d'une pauvre et rudimentaire humanité en train de se façonner : des yeux qui paraissaient avoir coulé entre des paupières sans dessin, un nez qui formait un épatement de chair, une bouche qui semblait l'égueulement d'une poterie informe, un visage embryonnaire dans un teint sale et bis. Et le vilain être était sournoisement mauvais, hargneux, taquin, voleur de tout ce qui traînait et de la mangeaille gardée pour le lendemain. Vingt fois on l'aurait chassé de la troupe sans la protection de Stépanida, prise d'une secrète et bizarre sympathie pour l'homme dans lequel elle retrouvait les instincts de malice méchante et de rapine de sa race. Agapit Cochegru aimait la souffrance des animaux, ses attouchements dans les parades cherchaient à faire mal, et son ironie des tréteaux même semblait garder un ressentiment féroce de tous les anodins coups de pied au derrière qu'il avait reçus. L'Alcide était surtout le malheureux préféré que le pitre tourmentait, harcelait, désespérait avec toutes sortes d'inventions diaboliques, allant au plus sensible de la bêtise de l'homme fort qui n'osait se revenger de peur de tuer d'un coup son persécuteur. Et l'homme faible abusait sans pitié de ses avantages avec son énorme souffre-douleur. Cependant il arrivait parfois que Rabastens, à bout de patience, du revers de sa main à demi morte époussetait le pitre d'une peu forte taloche. Alors Agapit Cochegru se mettait piteusement à pleurer de grosses larmes, horriblement grotesque dans le grimacement enfantin de sa désolée figure et le comique des mouvements bêtes qu'avait appris à son corps le métier de toute son existence. Mais bientôt il s'asseyait tout contre son ennemi, de manière à empêcher le développement d'une seconde tape, et ainsi paré, il ne cessait de lui donner de rageurs petits coups de coude dans les côtes, et de l'appeler « grand lâche », demeurant un long temps accolé à lui, pleurard et morveux.

Le trombone était un pauvre diable, vivant dans une de ces misères des professions infimes de l'art si profondes, que ses plus extravagants désirs n'allaient pas au delà de la conquête, sur sa pauvre paye, d'une demi-tasse accompagnée d'un petit verre. C'était là le *nec plus ultra* de ses ambitions. Eh bien, cet artiste si peu argenté, et dont la personnalité était faite de l'absence de chemises, et de vêtements où il y avait encore plus de graisse que de laine feutrisée, et de souliers dont les semelles disjointes et transversées de gros clous lui donnaient l'air de marcher sur des mâchoires de requins entre-bâillées, cet homme si profondément misérable était heureux. Il était en amicale liaison avec un être aimé qui le payait de retour et lui faisait tout oublier, jusqu'aux méchancetés noires du pitre. Il vivait dans l'intimité de la caniche de la troupe, qui, à la suite d'une maladie ressemblant fort à la maladie d'un cerveau humain, avait des absences momentanées de la mémoire, si entières, qu'il fallait renoncer à lui faire continuer les intelligents tours qu'elle exécutait en bonne santé ; et le trombone, d'ailleurs fort peu gâté par l'affection de ses semblables des deux sexes, s'était tellement attaché à la pauvre chienne, maintenant presque toujours souffreteuse, que, lorsqu'il lui voyait les yeux par trop rouges, il se privait de cette bienheureuse tasse de café, amassée sou à sou, pendant plusieurs jours, pour lui acheter une *purge*. De cela, non, cependant de la purgation que *Lariflette* n'aimait point, mais de tous les soins qui accompagnaient cette purgation, la chienne invalide remerciait son bienfaiteur, en ses bons moments, par des regards où elle mettait tout ce que les yeux d'une bête peuvent contenir de tendresse, le remerciait même par un rire reconnaissant et montrant toutes ses dents, oui par un rire ! — car cette chienne riait. Et toute la troupe l'eût affirmé en justice, après avoir été témoin de ce fait. Un matin, le trombone faisait tiédir, sur un petit fourneau posé à terre, quelque chose dans un poêlon bien connu de *Lariflette,* qui se tenait près de là, la queue basse, l'air boudeur, mais résignée ; la caniche voyait le liquide fumant retiré du feu, versé après dans un bol, ensuite vivement remué avec une cuiller de bois, puis à son grand étonnement, dépassant son nez, monter en l'air, et arriver à la bouche du trombone, et y disparaître. A cet instant, quand *Lariflette* fut bien certaine de l'entrée de la chose qui lui donnait la colique dans le corps de son vieil ami et non dans le sien, il lui venait, sur sa physionomie de chienne, le plus joyeux et le plus ironique rire muet qui se puisse voir sur une figure humaine.

La *Talochée* devait son surnom à une enfance, à une jeunesse, qui n'avaient été qu'une succession de brutalités et de coups. Ramassée vagabondante dans les rues de Paris, à l'âge de sept ans, elle répondait au président du tribunal qui l'interrogeait : « Monsieur, mon papa et ma maman sont morts du choléra... grand-papa m'a placée dans un hospice..... il est mort huit jours après papa et maman.... alors je suis revenue à Paris, où je me suis perdue dedans parce qu'il est si grand..... » C'était alors une femme de vingt-huit ans, au visage tanné, aux bras tannés comme la figure et noirs jusqu'au dessus du coude, avec une large marque de vaccine blanche sur le biceps. Toujours vêtue d'une robe de tarlatane rose sur laquelle couraient des branchages artificiels, et qu'attachait une ceinture s'élargissant sur le ventre en un losange qui enfermait, imprimés en rouge, des caractères cabalistiques, elle donnait à voir, sous des seins volumineux, une taille d'une minceur extraordinaire, toute remuante d'une vie nerveuse. Ses yeux étaient horriblement cernés avec un blanc de l'œil presque effrayant dans cette cernure et le tannage de toute sa peau. Ses cheveux relevés à la chinoise, et dans lesquels elle avait piquées deux marguerites d'argent, lui tombaient au dos par derrière, comme la rêche crinière d'un casque. Les muscles travailleurs de son cou dessinaient de grosses cordes au-dessus des salières et des maigreurs du haut de sa poitrine, car elle était très maigre, avec une gorge et des hanches et des jambes très fortes. La *Talochée* avait une grande bouche aux belles dents blanches, un nez à la fois relevé et pincé, et, sous les pommettes, des creux qui, par un certain éclairage, vous laissaient apercevoir, un moment, l'ossature d'une tête de mort lui trouant la peau de la figure. La fièvre flambante de l'œil, le luisant malsain du teint, le décharnement du *facies* et du cou, enfin la macération canaille de tout l'être harassé, vous racontaient les misères, les souffrances, les fringales, les refroidissements, les coups de soleil, les courbatures de la femme, avec un passé de jeune fille ou l'eau-de-vie avait bien souvent remplacé le pain manquant.

Sur le tréteau de la parade, mâchonnant une fleurette, on voyait la *Talochée,* du dos de ses mains ouvertes posées à cheval sur ses hanches, tourmenter perpétuellement sa taille par des tractions colères, et comme si elle s'essayait à la tirer et à la soulever hors de son torse ; au bout de quoi, se rejetant en arrière, les mains jointes, tendues et raidies devant elle avec les doigts rebroussés et les coudes retournés, la saltimbanque s'immobilisait, regardant en l'air, les yeux perdus, les narines terreuses, sa grande bouche entr'ouverte.

III

Sur le champ de foire de la ville, du bourg, où M. le maire avait accordé de donner une représentation au directeur Tommaso Bescapé, les hommes de la troupe enlevaient vivement l'herbe d'un grand rond, autour duquel les mottes de terre arrachées s'amassaient en un remblai de gazon fané, et des piquets reliés par des longes de chevaux formaient l'enceinte de l'arène.

Au milieu de cette terre labourée et à peine battue, était planté un grand mât, d'où descendaient, comme toit de la baraque, des triangles de toile verte assemblés et noués avec des ficelles; un treillis d'emballage attaché au léger plafond et tombant jusqu'au sol, formait le mur circulaire de la salle. Appliqué au mât, dont le pied se perdait dans un petit monticule de sable jaune pour les besoins de la lutte, un système de poulies faisait descendre et monter, au bout d'un cordage, un cadre en bois hérissé de grands clous qui, le soir, prenaient entre leurs dents de fer cinq ou six petites lampes à pétrole, auxquelles l'industrieux Italien avait fabriqué très habilement des réflecteurs avec de vieilles boîtes à sardines. D'un côté du mât partait. fixé très haut, un grand fil de fer qui allait s'attacher à un poteau élevé dans la barrière ; de l'autre côté du mât, et presque appuyé à lui, se dressait un petit trapèze branlant à la barre transversale placée à une huitaine de pieds de terre.

Un orgue, la musique intérieure de l'endroit, un orgue édenté, et dont un fragment de verre manquait avec le morceau de l'image qu'il encadrait, était posé en face l'entrée, attendant un enfant ramassé à la porte, et le plus souvent, qui tournait la manivelle d'une main, pendant qu'il mangeait de l'autre la pomme verte soldant d'ordinaire l'orchestre du cirque.

Des bancs, fabriqués de planchettes en bois blanc, s'étageaient en gradins, prestement établis par le menuisier de la localité. Les premières places se distinguaient des secondes, par une bande de cette cotonnade qui fait des mouchoirs d'invalides, posée à plat sur les étroites planches et ne les recouvrant pas entièrement ; elles étaient en outre enfermées dans une barrière sur laquelle on collait un papier doré, enfermant, dans des ovales, des paysages turcs peints en camaïeu gorge de pigeon sur un fond d'azur. Finalement le père Tommaso tendait une ancienne perse, trouvée on ne sait où, et couverte de haut en bas de queues de paon, grandeur nature, une immense portière qui, fermée, séparait le spectacle des coulisses en plein air, que la direction s'efforçait de défendre contre la curiosité des non-payants, par le rapprochement des deux voitures et une barricade de paravents.

Alors le pitre, aux deux côtés de la porte d'entrée, posait une affiche qui servait pour toute la saison, une affiche menteuse où le directeur donnait une idée de l'art à la fois savant et bonhomme de ses réclames, de sa littérature, de son latin même.

AMPHITHÉATRE BESCAPE.

La tente, imperméable et manufacturée à grands frais, offre un abri aussi sûr que pourrait le faire une construction en pierre.

L'amphithéâtre est illuminé le soir par un système de lampes à pétrole, dans lesquelles se fabrique lui-même le gaz lumineux. PATENTE AMÉRICAINE DE HOLLYDAY.

Les artistes de la troupe, tous distingués et de mérite, ont été choisis (sans égard pour la dépense) dans les meilleurs établissements de l'Europe.

On y trouve :

Mme Stepanida Bescapé.

Curriculi regina.

Mlle Hortense Pataclin.

La sylphide du fil de fer et le bijou de l'amphithéâtre, dont la figure et les attitudes sont au-dessus de la description.

M. Louis Rabastens.

L'athlète unique et incomparable.

Doué de la force d'Hercule, il défie la terre entière, et n'a jamais su depuis son plus jeune âge ce que c'était... que d'être *tombé.*

M. Gianni Bescapé.

L'Intripido senza rivale nel trapezo.

Qui fait entrevoir dans ses exercices l'idéal de la beauté masculine.

M. Agapit Cochegru.

Qui joint à la souplesse de la colonne vertébrale, un esprit joyeux, dont les reparties, imprimées dans un petit volume, seront distribuées gratis aux spectateurs des premières.

M. Tommaso Bescapé.

Le mime des Deux Mondes.

Connu par ses pantomimes intitulées : La dent arrachée, La barbe de Gargotin, Le sac enchanté, *etc., qu'il a eu l'honneur de représenter devant Sa Hautesse le Sultan et Monsieur le Président de la République des États-Unis.*

On y trouve encore :

Lariflette.

Cette jeune caniche, arrière-petite-fille du célèbre chien Munito, *et dont les tours dénotent une intelligence qui dépasse tout ce qu'on peut imaginer, finira par désigner la personne la plus amoureuse de la société.*

Les comiques sont plaisants, espiègles, de

bon ton, faisant rire sans toucher à la vulgarité et à rien de ce qu'une jeune fille ne peut entendre. On terminera le spectacle par la délicieuse pantomime :

LE SAC ENCHANTÉ,

avec toute l'assistance de la troupe.

Mais déjà les petits escaliers menant au tréteau de la parade étaient cloués, déjà Steuchâ était assise dehors devant la petite table au tiroir de la recette, et déjà dans les *boum boum* de la grosse caisse, les sonorités du trombone, les coups de pied du directeur, le pitre jetait ses queues de mots saugrenues, et déjà la *Talochée* appelait la foule ahurie du vacarme, avec le démènement frénétique de son corps, l'applaudissement claquant de ses mains, et les stridents : *Entrez, entrez, Messieurs, le spectacle va commencer.*

Le soleil brillait dehors, et sous la tente où le battement des ficelles dénouées faisait contre le plafond, le petit bruit clapotant qu'on entend sur les navires à voiles, il y avait une douce obscurité, une tendre décoloration des visages et des choses, une frigide pénombre dans laquelle, çà et là, un rayon, filtrant par une fente mal jointe, mettait une danse poussiéreuse d'atomes d'or. Sur la toile grise toute pénétrée de lumière enfermant l'amphithéâtre, couraient les profils des passants au dehors en des silhouettes d'ombres chinoises. Au milieu de la grande portière à queues de paon, la tête de Steuchâ, dont la poitrine et le ventre se moulaient dans l'étoffe refermée, drapée sur elle, et apparaissant comme habillée de tous ces yeux de plumage, regardait le monde pâle de la salle avec le méchant abaissement de ses longs cils.

La représentation allait avoir lieu, et l'Alcide, le plein jour de la porte d'entrée sur sa terrible nuque, tirait avec des mouvements endoloris, les poids placés sous le banc sur lequel il était assis.

IV

Geignant, grommelant, grognonnant, et à tout moment suspendant ses exercices par des reprises d'haleine, de pensifs grattements de tête, des regards attendris sur ses poignets, autour desquels il remontait sans cesse les manchettes de cuir, l'Hercule faisait voler ses poids de 40 en l'air, sans entrain. Quoique tout ce qu'il exécutait, ne semblât, pour ainsi dire, demander à sa force aucun effort, n'apporter à son corps nulle fatigue, il avait, sous sa montagne de muscles en jeu, l'aspect pitoyable d'un Alcide par occasion succombant à la peine, et mendiant, auprès de tout ce qui l'entoure, l'encouragement et le reconfort. On l'apercevait laisser retomber avec le poids son bras tendu, quand la musique s'arrêtait, et ce bras ne se retendre que lorsque l'orgue repartait. Avant chaque exercice, on entendait sa voix soupirer sur la note plaignarde d'un enfant : « Allons, messieurs, un petit bravo. »

Quand par hasard, un caleçon avait été jeté du haut du tréteau, et qu'une lutte devait suivre, fait rare ! — la musculature du redoutable athlète intimidant les gens ; — l'Hercule s'avançait vers son adversaire avec un air d'ennui qu'on ne peut exprimer, et comme tout disposé à lui payer quelque chose pour qu'il consentît à ne pas le faire remuer inutilement. Et il se dépêchait bien vite de lui faire *faire la grenouille :* triste et navré et inconsolable, quand une contestation le forçait à le *tomber* une seconde fois, en lui faisant toucher le sol des deux épaules d'une manière bien visible pour tous. Dépêtré de l'homme étendu à terre qu'il n'avait pas même regardé, il s'en allait, les reins affaissés et les bras brinqueballants, se rasseoir sur son banc, où, prenant sa tête entre ses mains et posant ses coudes sur ses genoux, il rêvait, le reste de la représentation, les yeux demi-fermés, à des nourritures gargantuesques.

L'Hercule était remplacé par Gianni qui faisait son entrée dans le costume classique du saltimbanque de province : un maillot au rose vif, un cercle de cuivre pour la tête, un pectoral de velours noir, sur lequel une affreuse pensée avec son feuillage était brodée au petit point, un caleçon vert recouvert d'une sopraveste tombant sur les reins, brodée comme le pectoral et garnie de crépines d'or, des bottines blanches aux franges d'argent. D'un bond il avait atteint le trapèze, et se balançait dans l'air, ses mains, au milieu de la volée de son corps, quittant tout à coup la barre et la reprenant de l'autre côté.

Il tourbillonnait autour du morceau de bois avec une rapidité vertigineuse, qui peu à peu se modérait et mourait dans un doux allanguissement de son corps tournoyant et demeurant des moments horizontalement suspendu dans l'espace avec les flottaisons d'un corps porté par l'eau.

Dans toutes ces choses exécutées par la force des bras, il y avait un rythme cadencé du travail musculaire, une douceur de l'effort, une mollesse dans le déroulement des mouvements et des soulèvements, pareille à l'insensible progression dans les arbres des animaux appelés *paresseux*, et rappelant la montée à la force des poignets, lente, lente, de l'inimitable James Ellis.

Les reins posés sur la barre, le gymnaste se laissait insensiblement aller en arrière, — et, mettant un effroi d'une seconde dans la salle, — il tombait, se retenant, chose non prévue ! avec les jarrets de ses jambes reployées ; et allant et venant ainsi quelque temps, la tête en bas, il se retrouvait à terre sur ses pieds, après un saut périlleux.

Avec ce trapèze, au bout de ce tremplin des bras, qui développe des élasticités de muscles et de nerfs surhumaines, Gianni faisait mille exercices, dans lesquels le corps du trapèziste semble prendre quelque chose de voltigeant, d'aérien.

Il se suspendait par un bras, et son corps montait et descendait par une de ces ascensions qui se dévident de côté, et telle que les artistes japonais en donnent aux corps des singes dans leurs originales suspensions de bronze.

Le trapèze apportait au jeune homme une espèce de griserie du corps; il n'avait jamais assez travaillé et ne cessait ses exercices qu'aux cris répétés de : « Assez, assez ! » d'une foule prise d'un peu de terreur devant les audaces croissantes de l'acrobate.

« Messieurs, nous allons continuer..... par la continuation, » disait sentencieusement le pitre.

La *Talochée* succédait à Gianni. En une seconde au sommet du grand poteau traversé de distance en distance de bâtons d'échelle, la sylphide était sur le fil de fer, la jupe balonnante, agitant au-dessus de sa tête le balancier remuant de ses bras en couronne. Elle avançait à pas glissés, tour à tour de l'un et de l'autre de ses pieds qui apparaissaient évidés en dessous, tatonnant le vide comme du bout courbe d'une rame. Sur la tige ployante et rebondissante, elle marchait avec des abaissements et des élévations, ayant l'air de faire descendre ou monter à chacune de ses emjambées la hauteur d'une marche.

D'alertes lumières roses couraient sur les rondeurs de ses jambes filant jusqu'à l'os de la cheville, à travers le croisement blanc des cordons de ses souliers, pendant que de petites ombres mouvantes s'arrêtaient un moment dans le creux de ses jarrets. Bientôt elle revenait au milieu du fil de fer par une fuite rapide de ses pieds, l'un derrière l'autre, tout en se courbant, se baissant, s'accroupissant sur ses jambes rentrées sous elle. A ce moment, se renversant en arrière, elle se couchait tout de son long sur le fil invisible, dans une immobilité de dormeuse, la tête sur l'épaule, les cheveux épandus, les pieds posés l'un sur l'autre, avec quelque chose du repos palpitant de deux oiseaux réunis sous la même aile. C'était quelque temps, au milieu de cheveux épars et d'étoffes flottantes, le nonchalant balancement dans l'air d'un corps de femme qui paraissait ne reposer sur rien. Puis, tout à coup, par une suite de saccades des reins, et après deux ou trois demi-soulèvements de son torse retombant, la *Talochée*, se trouvait par un redressement subit, droite sur ses pieds, toute bruissante du remuement des paillons de sa jupe, presque jolie dans l'animation de sa grâce agile, dans le plaisir des applaudissements.

« Messieurs, *la dernière* exercice, » jetait le pitre.

Après, la *Talochée* reparaissait portant une petite table chargée d'assiettes, de bouteilles, de couteaux, de boules dorées. Et aussitôt, au-dessus de la tête du prestidigitateur, ces choses commençaient à voltiger, se suivant, s'alternant, se croisant sans se rencontrer, et sortant de dessous ses jambes, de derrière son dos, pour toujours revenir à ses adroites mains et s'en en aller de nouveau. Tantôt les objets s'élevaient jusqu'au plafond, distancés et lents à monter ; tantôt passant et repassant dans un cercle resserré et tout bas, et qui ne dépassait pas la tête de l'équilibriste, ils semblaient, en la vitesse et le rapprochement de leur tournoiement, le rond d'une chaîne aux anneaux soudés par des chaînons invisibles. Gianni parcourait le cirque en jonglant avec trois bouteilles, et sans s'interrompre, montant sur la table et s'agenouillant, il battait contre le bois avec le verre, au moment où il les relançait, une musique à boire toute divertissante. La dernière bouteille qu'il gardait, le jeu seul de son biceps la couchait à plat, la relevait, la projetait en l'air, d'où elle venait se ficher par le trou du goulot au bout de son doigt.

Il avait surtout une manière charmante, et qui n'appartenait qu'à lui, de s'envoyer et de se renvoyer horizontalement d'une main à l'autre, les bras étendus, des boules de cuivre qui, devant sa poitrine, faisaient l'illusion d'un écheveau d'or en train de se dévider.

Gianni était un jongleur de première force, ses mains étaient douées d'un toucher de caresse et d'enveloppement auquel semblent adhérer les surfaces lisses, de ce toucher qu'on dirait avoir des ventouses au bout des doigts. C'était un amusant et prestigieux spectacle que celui de ce jeune homme prenant une assiette, et sous les adresses nerveuses de tout son corps penché sur elle, et sous ces sourires un peu étranges du magicien qui sourit à ses enchantements, de voir cette assiette, sur ses mains traversant et retraversant l'espace toujours prête à tomber et ne tombant jamais. Un moment même cette assiette, ne l'apercevait-on pas se détacher d'une de ses mains, ainsi que le couvercle d'une boîte qui s'ouvre, et, lorsqu'elle ne tenait plus qu'à l'extrémité des doigts, venir se rappliquer contre la paume, comme si elle était rappelée par le rabattement d'une charnière qui se refermerait !

Enfin Gianni triomphait de la difficulté de jongler avec trois objets de pesanteur différente, un boulet, une bouteille, un œuf: tour qu'il terminait en recevant l'œuf dans le cul de la bouteille.

A la fin, tout à la fin, pendant que ses mains faisaient volter des torches enflammées, et que des saladiers et des ballons tournaient au bout de baguettes posées au-dessus de son menton et de sa poitrine, au milieu des éclairs de la porcelaine et des flammèches de la résine, Gianni apparaissait comme le centre et l'axe du mouvement giratoire de toutes ces machines *tourneboulantes*, selon la vieille et pittoresque expression de Réné François, prédicateur du Roy.

V

La représentation se terminait par un divertissement à deux ou trois personnages où jouaient tantôt la *Talochée*, tantôt le pitre, quelquefois l'Alcide, et dans lequel le directeur, remplissant le principal rôle, avait apporté en la composition et l'arrangement de la scène une fantaisie qu'on n'est pas habitué à trouver dans une baraque. C'étaient des inventions burlesques, des canevas sans queue ni tête, d'amusants *imbroglios* entremélés de soufflets retentissants et de coups de pied au derrière qui ont le privilège de faire rire le monde depuis qu'il existe, des choses intelligemment racontées par des grimaces joliment sarcastiques, des travestissements phénoménaux, des folies vertigineuses, une *humour* de parade cocasse, où le directeur apportait encore les adresses et les agilités d'un vieux corps.

Tommaso Bescapé, plus jeune, avait été un gymnaste émérite. Il racontait que, dans une pantomime de sa fabrique, il se sauvait d'un moulin où il était surpris par le mari de la meunière, en marchant sur le bout des bâtons tenus tout droits en l'air par les gens apostés par le meunier pour rosser le galant de sa femme. Mais avec l'âge, l'Italien avait été obligé de se rabattre sur des pantomimes d'une gymnastique plus modeste, et dans lesquelles il se contentait de faire quelques cabrioles, et de jeter par-ci par-là, au milieu de l'intrigue, tantôt un *saut de poltron*, tantôt un *saut d'ivrogne*.

Parmi les *pantomimes sautantes* de son invention, aujourd'hui il affectionnait un petit intermède approprié à ses moyens actuels et qui avait du reste le plus grand succès auprès des populations des villes et des campagnes. Cette pantomime était LE SAC ENCHANTÉ.

1. — Aux environs de la ville de Constantinople, représentée par un paravent, avec le haut découpé dans des formes de minarets, promenade du vieux Bescapé travesti en Anglaise, avec les lunettes bleues de rigueur, le voile feuille morte, une toilette britannique ridicule.

2. — Rencontre par l'Anglaise de deux eunuques noirs.

3. — Pantomime enjôleuse et immorale des eunuques dénombrant à l'Anglaise tous les avantages et les plaisirs qu'elle trouverait dans le sérail du Grand Turc.

4. — Pantomime vertueuse et indignée de l'Anglaise déclarant qu'elle est une honnête miss, et décidée à périr plutôt que renoncer à sa virginité.

5. — Tentative de capture de l'Anglaise. Ré-

sistance héroïque de la jeune femme, au bout de laquelle, un eunuque tire un sac, et, aidé de son camarade, la fourre dedans, et fait un nœud avec un cordon passé dans la coulisse du sac.

6. — Chargement sur le dos des deux eunuques noirs de la malheureuse qui gigotte et se débat comme un beau diable.

Là était le coup de théâtre. Au moment où les deux eunuques allaient disparaître avec leur proie, tout à coup le fond du sac s'ouvrait, et l'Anglaise apparaissait… en chemise, se sauvant à toutes jambes, avec des effarouchements grotesques et de petits gestes honteux du plus haut comique, et toujours poursuivie par les deux eunuques noirs, et buttant et culbutant dans le rire des spectateurs, et aussitôt se remettant à courir, plus ahurie, plus affolée, plus drôlatiquement pudibonde en sa blanche et succincte toilette de nuit; — cela, jusqu'à ce qu'elle eût disparu par un saut horizontal à travers un vasistas qui s'ouvrait dans le paravent.

VI

Tout *petiot*, dès l'âge de trois ou quatre ans, Nello apportait aux exercices de la troupe la curiosité des ses yeux éveillés et la joie remuante de son corps.

A la parade, on le voyait d'abord, demi-caché derrière la jupe de la *Talochée* qu'il tenait à pleines mains, laisser apercevoir un moment sa tête, encore serrée dans le bonnet blanc à trois pièces de la première enfance, et d'où s'échappaient de blondes *couettes* de cheveux, puis, effrayé par le grouillement de la foule, renfourner la tête et le bonnet dans la tarlatane pailletée, puis montrer de nouveau un morceau plus grand de sa petite personne, et plus longtemps, et avec une crainte moins grande. Bientôt dans une de ces jolies audaces timides, dans une de ces résolutions aux hésitations charmantes, Nello s'enhardissait à traverser le tréteau, un doigt dans la bouche, avec des pas qui avançaient et reculaient à la fois, et un regard cherchant sans cesse derrière lui une retraite, un refuge. Enfin, par un élancement brusque et soudain, il s'attrapait à la barrière du balcon, en s'aplatissant et se rapetissant contre une traverse ; là, le visage masqué par la rampe, et le bras et la main qui s'y étaient attachés, ses regards coulaient en dessous et en tapinois sur le champ de foire. Mais bientôt les sons exultants de la grosse caisse qu'il avait dans le dos, mettaient en son immobilité embarrassée et peureuse, avec une trépidation une certaine assurance ; des frémissements venaient à ses pieds dansants, des sonorités à sa bouche gonflée, et maintenant sa tête pendante bravement en dehors de la rampe s'abaissait avec des yeux intrépides sur toutes les faces levées vers lui. Tout à coup dans la furibonderie de la musique, dans la rage du finale, dans le mugissement du porte-voix, dans le délire des cris et des appels au public, le petit enfant, enfiévré par cette folie et ce tapage, attrapait un mauvais chapeau qui traînait, un vieux châle oublié. Alors, sous ce bout de déguisement et de mascarade, comme s'il faisait partie de la troupe, comme si déjà il avait la charge d'amuser le public, le bambin s'attachait à la promenade grotesque du pitre, d'un bout à l'autre du tréteau, emboîtant le pas derrière lui, marquant avec toute sa force, la mesure de ses jambes mal d'aplomb, imitant les gestes bouffonnants, disparu dans l'énorme chapeau, et donnant à regarder au-dessous du châle bariolé, un pannais de chemise sortant de sa petite culotte fendue.

VII

La dernière représentation terminée, le mât de la tente démonté, et ses trois tronçons, et les toiles et les cordages et les accessoires emballés au plus vite dans l'immense bâche, aussitôt, au trot du vieux cheval blanc, s'éloignait des murs de la ville la *Maringotte* (1).

La maison promenant, du matin au soir, l'existence de ses locataires, par les routes et les chemins ; la maison relayant à onze heures

(1) La *Maringotte* dans le principe était la voiture du marchand forain courant la province, ce n'est que par extension et depuis une quarantaine d'années que l'appellation a été donnée à la voiture des saltimbanques. Cette voiture est par eux quelquefois aussi nommée : *la caravane, le chez-soi*.

au bord d'une source, la paille ébouriffée de ses paniers ouverts sur l'impériale, et des chaussettes qui sèchent sur les roues ; la maison dételée le soir et mettant la lumière de sa petite lucarne dans l'ombre noire des solitudes inhabitées, c'est là la *Maringotte*, l'habitation roulante où le saltimbanque naît, vit et meurt, et où entrent successivement l'accoucheuse et le fossoyeur : le mouvant domicile en planches, pour lequel les habitants se prennent de l'amour du marin pour son navire.

Et les gens de la *Maringotte* n'eussent voulu à aucun prix demeurer ailleurs, tant ils sentaient bien qu'ils ne pouvaient trouver que là dedans, le doux cahotement des songeries sommeillantes de l'après-midi, la tentation et la facilité des montées de côtes, que « vous disent » à de certaines heures du jour, et le réveil étonné du matin en des lieux entrevus pour la première fois dans le crépuscule de la veille. Eh quoi ! si le soleil brillait, la voiture ne suffisait-elle pas avec la marge des prairies et la lisière des forêts? Et s'il pleuvait, n'y avait-il pas sous le porche, de l'autre côté de la machine à enrayer, un petit fourneau pour la cuisine, et la chambre de la *Talochée* ne pouvait-elle pas se transformer en une salle à manger pour tout le monde ? Car la voiture, en ses dimensions et en sa hauteur d'un logis de la mer, contenait deux et trois pièces. D'abord, venait à la suite de la petite galerie extérieure, une première pièce, où au milieu était clouée au plancher une grande table, sur laquelle un matelas, posé le soir, servait de lit à la danseuse sur le fil de fer. La porte du fond donnait entrée dans la seconde pièce, le logement du directeur, et où couchait toute la famille, sauf Gianni, habitant avec les hommes de la troupe la charrette verte. Et de sa chambre, le mari en avait fait deux, par l'attache de paravents à demi repliés pendant le jour, faisant la nuit une alcôve fermée au lit conjugal, un lit d'acajou garni de trois matelas.

Avec sa boiserie repeinte tous les ans, les rideaux blancs de ses petites lucarnes, les images d'Épinal collées sur les paravents, racontant en la barbarie naïve du dessin de vieilles légendes, et la banne de Nello dans un coin, ce petit et étroit et bas appartement du ménage riait comme une proprette boîte, qu'emplissait la douce senteur aromatique de matelas remplis par Stepchâ de thym coupé à l'époque de sa floraison.

Au-dessus du bourgeois lit d'acajou, une loque éclatante était accrochée à un clou : la jupe de la jeunesse de la bohémienne, du temps qu'elle dansait en Crimée, une jupe sur laquelle étaient cousus des morceaux de drap rouge, découpés en cœurs sanglants.

VIII

Stepanida Roudak avait été une mère pour son fils aîné, mais une mère sans tendresse, sans chaleur d'entrailles, sans bonheur ému quand il se trouvait près d'elle, une mère dont les soins ressemblaient à l'accomplissement d'un devoir, sans rien de plus. Gianni portait la peine d'avoir été conçu dans les premiers temps d'un mariage où la pensée de la jeune femme appartenait tout entière à un jeune homme de sa race, et lorsque remontait encore aux lèvres de l'épouse du vieux Tommaso Bescapé, cette chanson de son pays.

Vieux époux, barbare époux,
Égorge-moi ! brûle-moi !

. . . .

Je te hais !
Je te méprise !
C'est un autre que j'aime,
Et je me meurs en l'aimant !

Alors toute la violente et sauvage maternité contenue dans les flancs de la bohémienne et qui n'avait point eu d'issue, s'était reportée sur Nello, venu au monde douze ans après son frère, sur son dernier-né qu'elle n'embrassait pas, qu'elle ne caressait pas, mais qu'elle pressait contre sa poitrine dans des étreintes frénétiques et des serrements à l'étouffer. Gianni, qui cachait une nature aimante sous de froids dehors, souffrait de cet inégal partage d'affection, mais sans que cette prédilection pour Nello lui donnât aucune jalousie contre son jeune frère. Cette préférence, Gianni la trouvait toute naturelle. Lui, il le reconnaissait, il n'était pas beau, et il était volontiers triste. Il parlait peu. Sa jeunesse autour d'elle ne répandait pas de gaieté ; il n'y avait rien dans sa personne qui pût flatter l'orgueil d'une mère. Les marques mêmes de son amour filial étaient maladroites. Son petit frère au contraire, la beauté dans la gentillesse et le charme dans le câlinement, en faisaient un être de grâce que les mères enviaient des yeux à sa mère, que les passants des chemins demandaient à embrasser. Le petit visage de Nello, on aurait dit une lumière du matin. Et toujours des drôleries, des gamineries, des petits propos amusants, des pourquoi donnant à rire, des inventions charmeresses, des riens enfantins adorables, et du bruit et du mouvement et du joli tapage. C'était enfin un de ces enfants séducteurs, qui sont une joie apportée parmi des vivants, et dont le rire de la bouche rose et des yeux noirs, faisait bien souvent oublier à la troupe les malencontreuses recettes, les maigres soupers.

L'enfant, gâté par tous, ne se plaisait qu'avec celui qui le grondait quelquefois ; et, tout turbulent et loquace qu'il était, on le voyait rester bien sage pendant un long temps à côté du taciturne Gianni, comme s'il aimait son silence.

IX

L'éducation acrobatique de Nello commençait dès l'âge de cinq ans, de quatre ans et demi. Tout d'abord ce n'étaient que des développements gymnastiques, des extensions de bras, des ploiements de jambes, du remuement mis dans les muscles et les nerfs de ces membres enfantins : une mise en train essayeuse et ménagère de la petite force du mioche. Mais presque en même temps, avant la soudure du squelette, avant que les os eussent perdu la flexibilité des toutes premières années, les jambes de Nello étaient soumises à des écartements devenant un peu plus grands tous les jours, et qui en quelques mois amenaient l'enfant à faire le grand écart. On habituait aussi le petit acrobate à prendre un de ses pieds dans sa main, à le soulever à la hauteur de sa tête, et un peu plus tard à s'asseoir et à se relever dans cette position à cloche-pied. Enfin Gianni, une tendre main sur l'estomac de l'enfant, placé debout devant lui, doucement, doucement, l'amenait à renverser le torse et la tête en arrière, tout prêt à l'enlever dans ses bras, s'il venait à culbuter. Et quand les reins de Nello avaient acquis assez de souplesse dans le renversement, on le plaçait à deux pieds d'un mur, contre lequel s'appuyant des deux mains posées à plat, le haut de son corps devait, chaque matin, descendre renversé, plus bas de quelques lignes, et cela jusqu'à ce que, complètement ployé en deux, le revers de ses mains touchât à ses talons. C'est ainsi que peu à peu, et successivement, et sans hâte ni presse, et avec l'encouragement de bonbons et de paroles flatteuses, et de compliments adressés à la petite vanité du gymnaste sortant de téter, s'obtenait le brisement du corps de l'enfant. On le faisait encore et toujours à proximité d'un mur, qui était un peu pour le commençant, comme le rassurement de bras tendus aux premiers pas, marcher sur les mains pour se fortifier les poignets et pour habituer sa colonne vertébrale aux recherches et aux solidités de l'équilibre.

Vers l'âge de sept ans, Nello était très fort sur le *saut de carpe*, ce saut où, étendu sur le dos, sans se servir des mains, un garçonnet se relève debout sur ses pieds par le ressort d'un coup de reins.

Venait l'étude des sauts qui prennent sur les mains leurs points d'appui à terre : le *saut en avant*, où l'enfant, posant devant lui ses mains, dans une volte de son corps, se redresse lentement sur ses pieds qui sont allés retrouver ses mains ; le *saut du singe*, où l'enfant, posant ses mains derrière lui, se redresse par le même mouvement exécuté dans le sens contraire ; le *saut de l'Arabe*, ce saut de côté qui ressemble à la *roue*.

Dans tous ces exercices, Nello avait toujours, autour de son essai, le rond de bras protecteur de son frère, toujours autour de ses membres, l'enveloppement de la paume de sa main, le retenant, le soutenant, donnant à l'hésitation et au vacillement de son corps l'*enlevé* du tour. Et plus tard, quand Nello commencait à être plus assuré dans ce qu'il tentait, une ceinture attachée à une corde le liait à Gianni, relâchant la corde à mesure que le travail du petit frère approchait de la réussite complète.

Enfin Nello avait abordé le *saut périlleux* qu'il commençait à exécuter en s'élançant d'une petite élévation, qu'on diminuait graduellement, jusqu'à ce qu'il le réussît sur une surface plane.

Du reste le fils de la bohémienne n'était point une *nature rigide;* il tenait de son père, de son frère, avec une aptitude singulière pour le saut ordinaire, le saut avec élan ou à pieds joints, obtenant dès sept ou huit ans une élévation à laquelle ses petits confrères beaucoup plus âgés que lui ne pouvaient atteindre. Et le vieux Bescapé, du haut de ses connaissances encyclopédiques de rencontre, un jour voyant Nello sauter, disait à Stépanida :

« Femme, vois-tu ça, — et il lui montrait les talons de son enfant et la longueur du *calcaneum*, — eh bien, avec ça, un jour, il sautera comme un singe, le petit ! »

X

Un matin, à son réveil, Nello apercevait étalées sur une chaise des choses, des choses désirées, inespérées, que, depuis des mois, la nuit mensongère montrait à ses rêves. Il se frottait un instant les yeux, ne pouvant se croire éveillé, puis tout à coup, se jetant à bas de son matelas, il se mettait à s'assurer, avec des doigts tremblants de bonheur, de la réalité de ces objets aux riantes couleurs, où l'émoi de son toucher remuait des paillettes. Il y avait là un maillot fait sur mesure pour son petit corps, un caleçon bouffant bleu de ciel, tout constellé d'étoiles d'argent, une paire de bottines minuscules à la garniture de fourrure. L'enfant tâtonnait, retournait le maillot, le caleçon, les bottines, et tour à tour les embrassait. Soudainement, il prenait entre ses bras son aimable travestissement, et dans un cri de joie allait réveiller sa mère pour qu'elle lui mît « ses belles affaires ». Stépanida dans son lit, et presque hors de son lit, l'habillait lentement avec les pauses, les arrêts, les contemplations satisfaites des mères essayant à leur chéri un habillement neuf, et trouvant, sous l'habillement nouveau, un nouvel enfant à aimer encore un peu plus. Quand il fut costumé, c'était la plus mignonne miniature qui puisse se voir d'un Alcide de foire. Alors la *Talochée*, dans ses cheveux blonds qui commençaient à brunir, s'amusait à lui faire avec un fer chaud, au-dessus du front, deux cornes qui donnaient à l'espiègle quelque chose d'un diablotin. Ainsi accommodé, le saltimbanque, dans son maillot un rien trop large et faisant sur les côtés, aux jarrets, deux plis, demeurait immobile avec des yeux abaissés et admiratifs de sa coquette personne, heureux comme avec une envie de pleurer, tout craintif d'abîmer, en bougeant, son frais costume.

XI

Les premières fois que le petit saltimbanque prenait part aux exercices de la troupe, qu'il mettait son maillot, son caleçon, ses bottines, le spectacle était vraiment curieux de l'élancement bondissant du bambin dans l'amphithéâtre, tout à coup arrêté net sur les jarrets, par un subit accès de timidité, par une peur enfantine, presque comique, venant au débutant de tout ce public le regardant. On le voyait alors insensiblement opérer sa retraite du côté de Gianni, et se réfugier tout contre lui, plein d'embarras, de petits frémissements lui courant les épaules, et se grattant le derrière du cou de sa main retournée par contenance. Puis l'enfant aux longs cheveux, aux membres grêles, naturellement et comme si les poses des statues antiques étaient nées de la gymnastique, croisait ses bras, et une jambe devant l'autre posée sur l'orteil, le talon relevé, semblait dans son immobilité une statuette du Repos dans un musée.

Mais cette tranquillité, cet apaisement ne duraient qu'un instant chez Nello. Bientôt il se mêlait aux tours des autres, venant à tout moment, comme s'il travaillait sérieusement, s'essuyer au mouchoir jeté sur la barrière ; il tentait de se tenir horizontalement, en s'accrochant à l'un des montants du trapèze de son frère, roulant presque aussitôt dans la petite montagne de sable du mât, et y disparaissant à demi ; il se livrait à des promenades sur les mains, à la série des sauts d'usage et d'habitude, à ces retournements où lentement et péniblement le corps paraît se redresser sur des reins brisés. Ces hors-d'œuvre de la représentation, ces petits tours, souvent manqués, Nello les faisait et les refaisait avec une pétulance, une alacrité, un entrain où il y avait le plaisir d'un gamin qui joue, un rire des yeux rempli d'une émotion humide, des saluts de ses petits bras contournés et gracieux à l'adresse des applaudisseurs, tout à fait amusants : et cela était accompli, quelque chose de décidé, de résolu, d'audacieux, de presque héroïque répandu sur sa gentille figure. Mais déjà, son rôle fini, de toute la rapidité de ses jambes il était revenu près de Gianni chercher, comme récompense, le passage et la caresse dans ses cheveux des doigts de son frère, qui quelquefois, le soulevant sur la paume de sa main, la tête en bas, tenait ainsi renversés le petit corps brandillant et cette colonne vertébrale encore molle dans un équilibre qui durait une seconde.

XII

Les années se succédaient, et perpétuellement ils couraient la France, ces hommes et ces femmes, n'entrant dans les lieux habités que pour donner leurs représentations, et revenir bien vite après camper sous le toit du ciel, autour de leurs voitures.

Un jour, ils étaient en Flandre, au pied d'une de ces collines noires formées des scories et des cendres de la houille, dans un de ces paysages plats, aux rivières endormies, aux perspectives coupées de tous côtés de hautes cheminées de brique fumantes. Un jour, ils étaient en Alsace, parmi les décombres d'un vieux château, repris et reconquis par la nature, et qui avait des murs de lierre et de giroflées sauvages, et de ces fleurs qui ne fleurissent que sur les ruines. Un jour, ils étaient en Normandie, sous son grand verger de pommiers, non loin d'un toit de ferme moussu, au bord d'un ruisseau chantant dans le haut gazon d'un herbage. Un jour, ils étaient en Bretagne, par la grève caillouteuse, entre les rochers gris, le noir infini de l'Océan devant eux. Un jour, ils étaient en Lorraine, à la lisière d'un bois, sur une ancienne place à charbon, entourée du martèlement des cognées dans les coupes lointaines, et proche d'une *combe*, d'où sort, la nuit de Noël, la *grand'chasse* menée par le veneur au justaucorps de feu. Un jour, ils étaient en Touraine, sur une *levée* de la Loire, le long d'une rampe contre laquelle s'étageaient de gaies maisonnettes dans des clos de vigne et des jardins en espaliers où mûrissent les plus beaux fruits de la terre. Un jour, ils étaient dans le Dauphiné, en pleine sapinée, contre une scierie disparaissant dans l'écume de la chute d'eau et des claires cascatelles que remontent les truites. Un jour, ils étaient en Auvergne, au-dessus des gouffres et des précipices, sous des arbres étêtés par le vent, dans le mugissement des aquilons et dans les cris de vautours. Un jour, ils étaient en Provence, en l'angle d'un mur rompu par la pousse d'un énorme laurier-rose, et sillonné de fuites de lézards, avec sur eux l'ombre étoilée d'une grande vigne, avec à l'horizon une montagne rousse portant une villa de marbre.

Un jour, on rencontrait la troupe couchée dans un chemin creux du Berry; un autre, arrêtée au bas d'un calvaire de l'Anjou; un autre, ramassant les châtaignes d'une châtaigneraie du Limousin; un autre, faisant la chasse aux *anguilles de haies* d'une lande de la Gascogne; un autre, poussant les voitures en un chemin montueux de la Franche-Comté; un autre, côtoyant un *gave* des Pyrénées; un autre, cheminant, à l'époque des vendanges, au milieu des bœufs blancs couronnés de pampres du Languedoc.

Et par cette existence éternellement voyageuse en toutes les saisons diverses, à travers toutes ces contrées dissemblables, il était donné à ce monde de toujours avoir devant soi l'espace libre, de toujours être dans la pure lumière du ciel, de toujours respirer le plein air, de l'air venant de passer sur des foins ou des bruyères, — et de s'enivrer, matin et soir, les yeux du spectacle nouveau des aurores et des crépuscules ; — et de s'emplir les oreilles des rumeurs confuses de la terre, des harmonies soupirantes des voûtes de forêts ; des modulations flûtées des brises dans les roseaux qui ondulent ; — et de se mêler avec un âpre plaisir à la tourmente, à l'ouragan, à la tempête, aux rages et aux batailles de l'atmosphère ; — et de manger aux haies ; — et de boire à la fraîcheur des sources ; — et de se reposer en de la grande herbe, avec des chants d'oiseaux sur la tête ;

— et de s'enfoncer la figure dans les efflorescences et les senteurs balsamiques des plantes sauvages échauffées par l'heure de midi ; — et de s'amuser à retenir captive, un moment, dans sa main fermée, la liberté d'un animal de la plaine ou du bois ; — et de rester, selon l'expression de Chateaubriand, à *béer* aux lointains bleuâtres ; — et de rire au coup de soleil d'été sur un lièvre en train de faire *chandelier* dans un sillon de champ ; — et de causer avec la tristesse d'un bois d'automne, en remuant sous ses pas des feuilles mortes ; — et de se procurer le mol engourdissement de « l'isolement songeur », la griserie sourde et contenue de l'homme primitif continuellement en contact amoureux avec la nature ; enfin de satisfaire par tous les sens, par tous les pores, pour ainsi dire, ce que Litz appelle *le sentiment bohémien*.

XIII

Certains jours, ainsi qu'une bête emportant son petit, tout grand qu'il était déjà, Stépanida enlevait de terre soudainement son fils contre sa poitrine, courait vers de la solitude, s'enfonçait dans un fourré de bois, et, quand elle se voyait toute entourée de la barrière des branches, de la fermeture des feuilles, elle le déposait sur l'herbe, essoufflée, anhélante. Alors, loin de tous, dans cette cachette de nature, les flancs lui battant encore, elle s'agenouillait près de Nello couché, les deux mains appuyées au sol, le corps amoureusement ramassé dans un accroupissement maternel d'animal, et là l'embrassait d'un regard singulier qui troublait l'enfant cherchant à comprendre et ne comprenant pas. Puis de la bouche de la mère penchée au-dessus du front de son dernier-né, sortait bientôt lentement comme une murmurante litanie :

Pauvre petit adoré !

Pauvre petit chéri !

Pauvre petit cœur !

. . . .

. . . .

Et dans la paix et le silence susurrant, les douces appellations continuaient longtemps en une espèce de triste mélopée, où un cœur brisé semblait pleurer. Et sans cesse revenait le mot « pauvre », ce mot que les mères et les amantes de la misérable Bohême, toujours peureuses de l'avenir des créatures aimées par elles, accolent perpétuellement à la caresse des diminutifs.

XIV

Depuis longtemps, bien longtemps, la mère, la jeune mère de Nello dépérissait. Quel était son mal ? On ne le savait ! peut-être était-ce la maladie des plantes transplantées dans une terre et sous un ciel où elles sont condamnées à ne point vieillir. Du reste, la fille de la Bohême ne se plaignait de rien que d'avoir froid, un froid dans les os qu'elle ne pouvait chasser, et qui, l'été même, faisait courir en elle, sous tous les châles dont elle s'enveloppait, de rapides et nerveux frissons. Vainement la *Talochée* lui préparait des jus d'herbes récoltées le long des chemins, qui, disait-elle, la ré-

chaufferaient; vainement, dans les endroits
où la troupe donnait des représentations, son
mari tâchait de l'emmener chez l'officier
de santé, elle se refusait à tout avec une irritation sourdement grondante, continuant à
prendre part aux fatigues de tous, plus pâle
avec des yeux plus grands.

Un jour cependant elle n'eut pas la force
de rester à sa petite table du tréteau et de
faire la recette jusqu'à la fin. Un autre jour
elle ne se leva pas, promettant qu'elle se lèverait le lendemain. Et elle ne se leva pas
plus le lendemain que les jours qui suivirent. Le mari voulut alors s'arrêter dans une
auberge, la faire soigner, mais la femme s'y
opposa avec un non impérieux de la tête,
pendant que l'ongle de son pouce traçait sur
le fond de la voiture, en face de la place où
elle avait la tête posée sur l'oreiller, un grand
carré: le dessin d'une lucarne.

Depuis ce temps, les yeux de la malade,
couchée et voyageante dans son lit, s'amu-

saient des paysages que la voiture traversait.

Silencieuse, muette, elle ne disait pas un mot à son pauvre vieux mari, qui passait toutes les journées au pied de son lit, assis sur une antique malle de prélat romain renfermant ses pantomimes italiennes, et triste d'une tristesse qui avait quelque chose de l'imbécillité. Elle n'avait pas plus de paroles pour les autres qui n'obtenaient guère qu'elle détournât seulement un moment la vue de sa petite fenêtre. Seule la présence de son dernier-né, pendant les courts instants où l'on pouvait décider le remuant et égoïste enfant à se tenir tranquille sur un escabeau, avait le pouvoir de l'arracher à son éternelle contemplation. Tout le temps qu'il était là, sans que sa bouche et ses mains allassent à lui, la mère avait posé sur l'enfant un regard, une flamme dévorante.

On cherchait tout ce qui pouvait plaire à la malade. On lui savonnait presque tous les deux ou trois jours, les petits rideaux des fenêtres, pour qu'elle les eût bien blancs ; on lui cueillait dans les champs et dans les bois les fleurs agrestes qu'elle aimait dans une carafe à son chevet, et la troupe s'était cotisée pour lui donner un édredon à la belle couverture de soie rouge, à la douce chaleur : la seule chose dont elle remerciait avec un peu de bonheur sauvage monté sur son visage de marbre.

La voiture allait toujours à travers des pays, avec la femme devenant plus faible, et dont il fallait remonter près de la vitre la tête, glissant au bas de l'oreiller.

Elle était si mal, une après-midi, que le vieux Bescapé faisait dételer, et que la troupe se mettait à camper dans un champ, quand la voyageuse, sentant le voyage s'arrêter sous son corps immobile, prononçait un mot de sa langue de là-bas, un mot de la langue *romany*, disant dans un monosyllabe, sifflant comme un coup de fouet : « En avant ! » Et elle répétait ce mot toutes les minutes jusqu'à ce qu'on rattelât.

Pendant des jours, un certain nombre de jours encore, la vue à la fois vague et fixe de la bohémienne, obstinément retournée contre le fond, s'attachait, par l'ouverture de la lucarne, à la nature fuyante derrière la voiture, — et qui lointainement se perdait, se brouillait, disparaissait, en tressautant, dans le cahottement des mauvais chemins.

Les yeux de la mourante, déjà troubles, ne pouvaient quitter les plaines infinies, les bois profonds, les coteaux ensoleillés, et le vert des arbres et le bleu courant des rivières, ses yeux ne pouvaient se détacher des pures clartés tombant du ciel sur la terre, du jour qui luit dehors les maisons... car elle était la femme qui, une fois appelée en justice, s'était détournée du Christ, et s'avançant vers la lumière d'une fenêtre ouverte du tribunal, avait dit: « Entre le ciel et la terre, je promets d'ouvrir mon cœur et de dire la vérité. » Et son agonie voulait sur elle jusque tout au bout de son existence nomade, cette lumière d'entre le ciel et la terre.

Un matin, près d'une petite église de la Brie dont on reconstruisait les bas-côtés, la *Maringotte* se trouvait arrêtée. La voiture avait devant elle, brillant dans le soleil levant, ainsi que la niche d'un décor, le papier doré de l'ancien chœur resté debout, et au-dessous des têtes rougeaudes de maçons mouchetées de plâtre, et au-dessus de détritus de vieux cercueils, sautillant sur des échafaudages dans l'aube matinale, un long curé, au chapeau rond garni d'un crêpe, à l'interminable soutane noire blanchie aux poches, à la figure sale d'une barbe de huit jours, au nez pointu, aux yeux clairs et perçants. Ce matin, au moment où la voiture se remettait en marche, le regard de Stépanida se retirant brusquement de la lucarne s'arrêtait, un long moment, sur l'enfance de son dernier-né dans un attendrissement farouche. Puis sans une parole, sans une caresse, sans un baiser, elle prenait la petite main de Nello qu'elle mettait dans la main de son aîné, et ses doigts déjà froids serraient les mains des deux frères dans une étreinte que la mort ne desserra pas.

XV

Cette confiance, cette croyance, cette foi que l'on rencontre quelquefois dans de jeunes enfants en leurs sœurs ou leurs frères aînés, et cet apport de leur cœur dans une admiration ingénue pour un être de leur sang, devenu à leurs yeux la créature typique et idéale sur laquelle ils travaillent secrètement et amoureusement à se modeler, à se façonner, à se miniaturer : c'étaient là les sentiments de Nello à l'égard de Gianni, mais avec encore quelque chose et de plus passionné et de plus enthousiaste et de plus fanatique que chez tous les autres cadets de la terre. Il n'y avait rien de bien que ce que faisait le frère aîné.

Il n'y avait rien de vrai et de croyable que ce qu'il disait ; et l'on voyait le petit, quand le grand parlait, l'écouter avec ces deux bosses au-dessus des sourcils des jeunes fronts attentifs et réfléchisseurs. « Gianni l'a dit : » c'était son refrain, et, cela affirmé, il croyait que la parole de son aîné devait être une parole d'Évangile pour tout le monde comme pour lui-même. Car pour Nello sa foi en Gianni était absolue. Une fois qu'il avait été battu par un petit saltimbanque d'une baraque rivale, plus grand et plus fort que lui, sur ces mots de son frère « Demain, tu prendras, vois-tu, cette balle de plomb que tu mettras dans ta main, tu marcheras droit à lui, tu lui porteras, comme cela, un coup de poing au milieu de la figure, et il tombera ; » le lendemain Nello mettait la balle dans le creux de sa main, donnait le coup de poing, jetait à terre son persécuteur. Ce coup de poing, il l'eût donné à Rabastens aussi bien qu'au méchant gamin, si son frère lui avait désigné l'Alcide. Et pour tout il en était de même. Une autre fois Gianni, en veine de plaisanterie, événement rare, s'étant amusé à accuser Nello d'avoir déferré *Lariflette;* en dépit de sa presque certitude que les chiens n'étaient point ferrés, le cadet ébranlé par le sérieux du dire de son frère aîné, après s'être longuement défendu, allait chercher les traces des trous de clous dans les pattes de la caniche, et comme on se moquait de sa crédulité, Nello, tout en continuant son examen, répétait obstinément : « Gianni l'a dit. »

Et il ne fallait pas qu'on touchât à son Gianni. Un jour que Nello rentrait en larmes, et que son frère lui demandait la cause de son chagrin, il répondait en sanglotant qu'il avait entendu dire de vilaines choses de lui, et Gianni insistant pour qu'il lui répétât les paroles tenues sur son compte, au passage dans sa petite bouche des épithètes injurieuses pour son frère, il lui prenait des convulsions de colère.

Rentrant du dehors, le premier mot de Nello était « Gianni est là ? » Le petit frère semblait ne pouvoir vivre qu'avec le grand. A l'amphithéâtre, on le voyait sans cesse dans les jambes de Gianni, voulant être pour un rien dans tout ce que l'aîné exécutait, et le forçant à tout moment à l'écarter, à le repousser doucement de la main. Le reste du temps, quand il se trouvait avec son frère, il demeurait les yeux perpétuellement fixés sur lui, avec les regards longs et comme en arrêt par lesquels se témoigne la sympathie admirative des enfants, et dans une de ces contemplations où meurt un instant la turbulence du tout jeune âge. Et si Gianni n'était pas là, et que Nello fût frappé ou amusé par quelque chose, l'enfant, avide de tout partager avec son frère, ne pouvait se retenir de jeter à la personne près de lui : « Il faudra le dire à Gianni ! »

Le grand frère avait une part si grande dans les pensées du petit frère, que dans ses rêves, l'enfant ne faisait jamais rien tout seul, que son frère toujours présent se trouvait toujours associé à des actions à deux.

La mort de Stépanida avait un peu plus mêlé encore, pendant les heures du jour et de la nuit, la vie jumelle des deux frères, et un des grands bonheurs nouveaux de Nello était, maintenant que Gianni couchait dans la *Maringotte*, de venir le trouver au lit le matin, et d'avoir à ses côtés, dans les gaietés et les tendresses du réveil, cette petite coucherie d'un moment des garçonnets déjà grands avec leurs mères.

A midi et le soir, dans les haltes de la troupe, Gianni apprenait à lire à Nello dans les livrets de pantomimes de leur père, quelquefois lui mettait dans les mains son violon, dont l'enfant, avec le sang bohémien qu'il avait dans les veines, commençait à jouer en petit virtuose des landes et des clairières de bois.

XVI

Tommaso Bescapé, tombé dans une absorption bizarre après la mort de Stépanida, et qu'on retrouvait toujours assis sur sa malle aux pantomimes, près du lit où avait dormi sa femme, un matin se refusait obstinément à se lever, et dès lors passait toute sa vie dans le lit conjugal, comme heureux dans ce que laisse de lui un corps aimé en des couvertures et ce que la moite chaleur d'une autre vie y fait revivre de son subtil passé : — le pauvre et vieil imbécile n'ayant d'autre distraction que de regarder, étendu sur les draps, son costume de hussard fantaisiste, auquel tous les jours il demandait qu'on remît des galons d'argent neufs.

XVII

La maladie de son père forçait Gianni à prendre la direction de la troupe. Mais c'était un bien jeune directeur et manquant d'autorité près d'hommes qui continuaient à le regarder comme un enfant. Quand la mère vivait, et que le père était en possession de son intelligence, le ménage arrivait à gouverner ce monde intraitable, à faire à peu près fraterniser ensemble les jalousies, les antipathies, les haines de ces naturels hostiles. La femme avec l'étrangeté de sa personne, ses rares paroles, le commandement tranquillement impérieux de sa voix grave et de ses yeux profonds, exerçait une sorte de domination mystérieuse, et, quand elle donnait un ordre, personne n'osait la refuser. Et là où Stépanida ne parlait pas, le mari faisait intervenir sa diplomatie de vieil Italien. Grâce à la science intime qu'il possédait de son personnel, à l'art qu'il avait de flatter et de caresser les inimitiés sourdes de celui auquel il parlait dans des paroles où revenait à toutes les phrases *mio caro*, et entremêlées de promesses lointaines, d'horizons enchanteurs approchés de tout près, et même de quelques pantalonnades tirées de son répertoire, le père Bescapé obtenait tout ce qu'il désirait, et faisait patienter indéfiniment les exigences des uns et des autres. Gianni n'avait rien de son père. Il ne savait pas promettre ; et trouvait-il une résistance à ce qu'il voulait, il se mettait en colère, envoyait l'homme à tous les diables, et renonçait de suite à la chose demandée. Il manquait aussi de patience pour opérer des rapprochements et des réconciliations, et ne se donnait pas la peine de mettre le holà entre le pitre et l'Alcide, laissant les ressentiments s'envenimer et tourner à une guerre ouverte. Beaucoup de détails du métier l'ennuyaient, et il n'intervenait pas comme son père dans le boniment, n'ayant pas l'admirable don des langues du vieux Bescapé, ce don qui, en les petites localités des provinces arriérées où il se trouvait, lui permettait de faire son boniment dans le patois de l'endroit : source de fructueuses recettes dans le Midi, et dont enrageaient ses confrères de France, très peu polyglottes de leur nature.

Il n'existait pas non plus chez lui la moindre aptitude au rôle d'administrateur, et la *Talochée*, sur laquelle il se reposait pour la direction matérielle de la troupe, manquait de l'ordre et des ressources d'esprit de sa mère.

Enfin, quoique Gianni fût bon camarade, et toujours prêt à être agréable à tous et à chacun, les individus avec lesquels il vivait, ne lui étaient pas attachés ; ils avaient contre lui, vaguement au fond d'eux, le grief de lui croire en tête quelque chose qu'il ne disait pas, et pressentaient, avec des envies d'abandon se faisant déjà jour, que le jeune directeur ne s'éterniserait pas dans sa direction.

XVIII

Les mains de Gianni, lors même qu'il se reposait, étaient sans cesse occupées et perpétuellement tâtonnantes autour de lui. Ces mains, comme involontairement et presque inconsciemment, saisissaient les objets à leur portée, les posaient sur le goulot, sur un angle, sur un endroit de leur surface où ils ne pouvaient pas raisonnablement tenir, s'efforçant en vain à les faire demeurer droits ainsi un moment; et toujours ces mains travaillaient, d'une façon machinale, à déranger les lois de pesanteur, à contrarier les conditions de l'équilibre, à tourmenter l'éternelle habitude des choses à poser sur leur cul ou sur leurs pieds.

Souvent encore, il passait un temps infini à tourner et à retourner dans tous les sens un meuble, une table, une chaise, et cela avec une interrogation si curieuse, si obstinée, que son petit frère lui disait à la fin :

— « Dis donc, Gianni, qu'est ce que tu lui veux à cette chose ? »

— « Je cherche ! »

— « Qu'est ce que tu cherches ? »

— « Ah ! voilà. » Et Gianni ajoutait : — « Non, c'est le diable, je ne trouverai jamais ! »

— « Mais quoi donc ? dis, dis-moi-le, hein, dis-moi-le ? » répétait Nello, avec la finale allongée et plaintive des supplications d'enfants qui veulent savoir.

— « Quand tu seras plus grand... tu ne comprendrais pas... Va, je cherche aussi pour toi, frérot. »

Et sur cette phrase, un jour Gianni sautait sur une petite table carrée qu'il venait de remettre sur ses pieds, jetant à son frère :

— « Attention ! frérot...... Tu vois la petite

hachette qui est dans le coin... Prends-la... Bon... Tu y es... Eh bien, tape de toute ta force sur ce pied, oui celui de droite. » — Le pied était cassé sous Gianni restant debout sur la table bancale. « L'autre maintenant, celui de gauche. » Le second pied abattu, Gianni se maintenait toujours par un prodige d'équilibre sur cette table dont les deux pieds de devant manquaient. « Ah ! ah ! ah ! ah ! — faisait Gianni avec une intonation de saltimbanque, — voilà le chien... frérot, il s'agit de ficher à bas le troisième pied. »

— « Le troisième pied ? » disait Nello avec un peu d'hésitation.

— « Oui, le troisième, mais celui-ci à tous petits coups... avec un grand coup de la fin qui vous l'envoie promener. » — Et disant cela, et pendant que le troisième pied était en train de se détacher, Gianni gagnait l'angle extrême de la table, au-dessus du seul pied solide.

Le troisième morceau de bois tombait, et Nello voyait rester horizontale sur son unique pied, la tablette mordue du bout des deux orteils de son frère, et dont le corps fuyant et revenant, et autant en dehors qu'au-dessus de la table, dessinait dans le vide comme l'anse contournée d'un vase.

— « Vitement saute-moi sur... » criait Gianni à Nello. Mais déjà la table et l'équilibriste avaient roulé sur le sol.

Quelquefois devant un objet quelconque, l'immobilité du grand frère en une pose ramassée et accroupie, où il demeurait un genou en terre et l'autre relevé sur lequel appuyaient ses deux mains posées l'une sur l'autre : cette immobilité était si grande, que le petit frère pris de respect pour la sérieuse contemplation, s'approchait de lui sans oser lui parler, et ne lui disait qu'il était là que par un frôlement de son corps ressemblant au frottement de caresse d'un animal. Gianni, sans se retourner, lui mettait doucement la main sur la tête, et par une molle pesée l'asseyait à côté de lui, regardant toujours son objet, la main dans les cheveux de l'enfant, jusqu'à ce que, son frère dans ses bras, il se renversât en arrière en disant : « Non, c'est pas possible ! »

Et alors, se roulant avec lui dans l'herbe, comme un gros chien le ferait avec un roquet, Gianni dans une effusion involontaire, disait tout haut, parlant à l'enfant, sans cependant vouloir se faire comprendre par lui : « Ah ! frérot... un tour... un tour qu'on aurait trouvé.. un nouveau tour... un tour inventé.. un tour à soi, entends-tu.... un tour qui porterait sur une affiche de Paris le nom des deux frères... » Et tout à coup s'interrompant, et comme s'il cherchait à faire perdre à Nello la mémoire de ce qu'il venait d'entendre, il le saisissait, et le faisait tournoyer dans une série de culbutes furieuses, où dans le tournoiement interminable, l'enfant sentait sur son corps l'attouchement de mains qui étaient à la fois des mains de frère et de père.

XIX

Et le voyage, toujours recommençant de la *Maringotte* par la France, continuait sous le gouvernement du fils, mais sans les succès et les recettes de la direction du vieil Italien. Les représentations réduites aux kilos de l'Hercule, à la danse sur le fil de fer de la *Talochée*, au trapèze et aux tours d'équilibre de Gianni, aux sauts du petit Nello, n'avaient plus l'attrait des amusantes pantomimes terminant la représentation et amusant le public des localités sans théâtre comme une scène de spectacle. Puis le monde de la troupe, en vieillissant, avait perdu l'entrain, le feu sacré du métier. Le pître économisait ses lazzis. L'Hercule, en la réfection moins abondante, se montrait encore plus paresseux à se remuer. Le trombone, auquel était tombé un asthme sur la poitrine, ne soufflait plus dans son instrument que pour l'amour du bon Dieu. Et la parade languissait, et la grosse caisse somnolait, et le cuivre de la baraque faisait des couacs enrhumés. Il n'y avait guère que la *Talochée* qui s'employât de toute sa personne avec un dévouement de mauvaise humeur et une espèce d'enragement contre la malechance des deux frères.

Des années se passaient, pendant lesquelles mourait le vieux Tommaso Bescapé, et dans lesquelles l'affaire devenait plus que médiocre, et le maniement des sujets de jour en jour plus difficile. Cyprien Muguet, l'asthmatique trombone, était devenu un fieffé ivrogne depuis le décès de *Lariflette*. Le pitre, tous les jours plus taquin avec ses camarades, causait mille ennuis à Gianni, à propos d'oseraies dévastées, et d'épines et de poiriers coupés au bord des routes parcourues par la caravane. Car le pitre occupait ses loisirs à tresser des paniers et à sculpter des cannes et des pipes : ouvrages artistiques où perçait comme la réminiscence d'un art appris dans un bagne, et qu'Agapit vendait à son profit pendant les entr'actes des exercices. Tout récemment Gianni venait d'avoir une affaire très désagréable avec le propriétaire de la Bouleaunière, un gentilhomme s'occupant de tours d'adresse, et qui avait hébergé pendant trois jours les saltimbanques dans son château. Après leur départ, ne s'était-il pas aperçu que ses plus beaux bouleaux avaient été dépouillés de leur écorce par le pitre pour en faire des tabatières ? Au milieu des combats que se livraient l'honnêteté native du jeune directeur et sa répugnance à renvoyer un vieux compagnon, près duquel avait grandi son enfance, et parmi les dégoûts de toutes sortes, que chaque jour apportait à Gianni la *saltimbanquerie*, il arrivait un événement très préjudiciable au prestige de l'amphithéâtre Bescapé, et aux profits de la caisse. Un des plus clairs revenus des saltimbanques, surtout en ces derniers temps, on le devait à l'Hercule. Quand le lutteur de la baraque arrivait dans un bourg, dans un village, très souvent l'homme fort de l'endroit se sentait pris de la tentation de se mesurer avec l'athlète. Alors, dans ce cas, un pari à qui *tomberait* l'autre s'ouvrait entre le cirque et l'homme fort, qui était presque toujours un meunier: un pari de 100, 200, souvent 300 francs, dont l'argent était fourni du côté de l'adversaire de l'Hercule, quelquefois par l'adversaire tout seul, quelquefois par une cotisation de compatriotes dont la vanité locale s'intéressait à sa victoire. Et toujours l'Hercule gagnait, non qu'il fût le plus fort de tous les hommes avec lesquels il avait lutté, mais par l'habitude de la lutte, et par la science qu'il avait de toutes les ressources et de tous les secrets du métier. Or, un jour, l'intombable Rabastens était jeté sur les deux épaules par un meunier de la Bresse, un homme d'une *résistance*, aux yeux de tous, inférieure à celle de l'Alcide. Du milieu de la stupéfaction de la troupe, de son humiliation frémissante, de son émoi, s'élevait la voix canaillement blagueuse du pitre, jetant, devant tout le monde, à l'Hercule se relevant abasourdi : « qu'il aimait trop une sale femme, que la nuit qui avait précédé la lutte... » Une immense giffle ne laissait pas finir le pitre qui roulait à terre.

Le pitre avait dit vrai. En effet l'Hercule, jusqu'alors seulement amoureux de la nourriture, s'était tout à coup pris de tendresse pour une Déjanire qu'il traînait à sa suite, et à laquelle il consacrait une grande part de sa force. Le triste de l'aventure pour l'Hercule et la troupe, fut que cette défaite tua absolument chez l'homme la conscience de sa supériorité, qu'il lutta encore deux ou trois fois en se faisant battre, et que dès lors, désespéré et enfoncé dans la mélancolique croyance qu'un *sort* avait détruit la vigueur de ses muscles, on ne pouvait plus maintenant le décider à se prendre aux flancs, même avec un gringalet *de lignard*.

XX

Gianni avait associé Nello tout petit à quelques-uns de ses tours pour amuser l'enfant, et dans le dessein de l'encourager et de développer en lui le goût et l'émulation du métier. Plus tard, il sentait en son jeune frère un si ardent désir d'avoir sa part dans ce qu'il exécutait, lui ! qu'il l'avait successivement introduit presque dans tous ses exercices, et il était arrivé en ces dernières années, où Nello était devenu un jeune homme, que l'aîné avait complètement perdu l'habitude de travailler seul, et se serait trouvé tout dépaysé, s'il n'avait eu le travail de son frère noué au sien. Maintenant quand Gianni jonglait, il prenait Nello sur ses épaules, et cette superposition de deux jongleurs n'en faisant qu'un, amenait dans le voltigement des boules, des jeux bizarres et inattendus, des jeux doubles, des jeux alternés, des jeux contrariés. Au trapèze Nello répétait tout ce que Gianni faisait, tournoyant dans l'orbite de son grand frère, tantôt confondu en sa vitesse, tantôt attaché de loin à la lenteur de son flottement mourant. Dans de nouveaux exercices que l'aîné avait étudiés pour produire et mettre en scène « *le petit gymnaste* », Gianni, couché sur le dos, faisait tourbillonner Nello, saisi, lancé, ressaisi par ses pieds : des pieds qui ressemblaient, en ces moments, avoir des préhensions et le doigté de véritables mains. Et c'étaient encore des tours communs et partagés, où se mariaient leurs forces, leurs souplesses, leurs agilités, et où, une seconde seulement, le manque d'entente de leurs deux corps, l'inintelligence de leur contact, pouvait amener pour l'un et pour l'autre, et quelquefois pour tous les deux, le plus grave accident. Mais il y avait une telle compréhension physique entre les deux frères, que cet accord de la volonté avec les *fléchisseurs*, les *extenseurs* et leurs aponévroses pour la production d'un mouvement dans un corps, cet accord semblait seul et unique pour les deux corps.

De ces communications absconses et secrètes entre les membres des deux hommes dans l'exécution d'un tour de force, de ces attouchements de caresses paternelles et filiales, de ces interrogations de muscle à muscle, de ces réponses d'un nerf disant à un autre nerf : « Go ! » de cette inquiétude et de cette sollicitude perpétuelle des deux sensitivités, de cet abandon de sa vie, à tout instant, par l'un à l'autre, de cette continuelle mêlée sauve dans le même péril de deux chairs, naissait une confiance morale qui reserrait les attaches d'instinct entre Nello et Gianni, et développait encore la propension naturelle que les deux frères avaient à s'aimer.

XXI

L'amphithéâtre Bescapé était en train de donner quelques assez malheureuses représentations à Châlons-sur-Marne, lorsqu'un soir, au moment où Gianni finissait un de ses exercices, il s'entendit appeler par un de ses spectateurs.

Il reconnut un confrère avec lequel il lui arrivait, depuis des années, de se rencontrer dans le courant de l'année, pendant la tournée que tous les deux faisaient à travers la France. C'était un petit homme court, trapu, noueux, nommé le Recousu, qui, sans baraque, sans musique, avait commencé par faire monter, en pleine place publique, une dizaine de personnes dans une charrette qu'il soulevait sur le dos. Avec le succès, la charrette avait été remplacé par un *breack* d'occasion dans une enceinte de vieilles tapisseries déteintes, ramassées dans ce temps, sur les cuves des tanneurs. Puis enfin au *breack* avait succédé un char antique, un char doré dans lequel il enlevait maintenant son monde. Et le chanceux petit homme, qui s'était marié à une *prestidigitatrice*, passait pour gagner beaucoup d'argent avec son char et les tours de cartes de sa femme, menant grande vie dans les auberges, dont il mangeait la volaille et buvait les vins cachetés.

Le Recousu racontait à Gianni qu'il était arrivé trop tard dans la journée pour monter sa baraque, se mettait à le plaindre du peu d'*espectateurs* assistant à la représentation, déplorait le temps *ordurier* qu'il avait fait tout l'été, se lamentait de ce que la profession était à l'heure présente dans *la misère ;* jérémiade qu'il coupait tout à coup par cette phrase : « Au fait, mon petit, il court que tu veux te défaire de ta *bagnole*. » Et comme Gianni ne répondait ni oui ni non : « Eh bien, viens demain me trouver au Chapeau-Rouge, nous pourrons peut-être *bibeloter* quelque chose ensemble. »

XXII

Gianni trouvait le Recousu, encore attablé à l'auberge du Chapeau-Rouge. De chaque côté de lui étaient rangées deux bouteilles vides, et il entamait la cinquième. Sur sa large face, aux plaques écarlates près des oreilles, aux sourcils semblables à des morceaux de poils de lapin blanc, et « grêlée comme la Hollande » se brouillait dans un *coup de soleil*, une jovialité de bas farceur mêlée à la finauderie de l'œil clair d'un paysan normand.

— « Te voilà, enfin !... prends une chaise et un verre, et asseois-toi là..... Il est donc dans *le champ de navets*, le père Bescapé !...

je l'aimais ce vieux singe... ça m'aurait fait plaisir de *concourir à sa cérémonie*..... Ah! pour un qui avait du *vice*, c'en était un celui-là... et comme le mâtin jouait de *l'attrape-nigaud*..... Jeune homme, c'est moi, le Recousu, qui te le dis : tu as eu là un *chouette papa*... et on n'en refera plus... *la mère des humains* comme *ceusse*-là a fini d'accoucher..... Bois, cochon..... Et qu'est-ce que tu veux de toute ta *landière ?* »

— « J'en veux trois mille francs, le Recousu. »

— « Trois mille vrais francs !.. tu veux rire, mon petit..... tu me crois donc *des cents et des mille*... parce qu'au *lieur* de la charrette, on a aujourd'hui un char avec de l'or dessus..... mais, tu le sais aussi bien que moi : ça ne va plus comme du temps où *ça allait*..... enfin il faut se faire une philosophie... et prendre le temps comme il vient, et accepter l'argent comme *elle* arrive.., puis vois-tu, mon petit, ce que j'ai ou plutôt *ce que je n'ai pas !* ça m'est assez... ça me contente, quoi !..... et moi, qui comptais *m'allonger* de douze cents francs... et vrai là-dessus, je croyais que tu allais *me baiser les pattes*... Bois, cochon ! »

— « Non, le Recousu, c'est trois mille francs, à prendre ou à laisser. »

— « Nom d'un petit bonhomme, c'est-y vrai possible, que tu parles ? »

— « Voyons, le Recousu, vous savez très bien qu'il y a deux chevaux, deux voitures, la tente et tout le reste. »

— « Parlons-en de tes chevaux : l'un *perd ses huiles*, l'autre *sue de la queue*... pour la *Maringotte,* elle sonne la ferraille ainsi que le quai de ce nom..... tu ne sais donc pas maintenant que la maison chose en fabrique comme ça de toutes neuves avec de la peinture de femmes nues par les premiers peintres de Paris pour quinze cents francs... et crois-tu qu'elle vaut cher ton autre *boîte à canailles...* Quant à ta tente, à ta tente *manufacturée,* je l'ai bien regardée hier... eh bien ! *je parle chrétien,* vraiment, je suis pas bien sûr qu'il y ait encore de la toile autour des trous... Bois, cochon ! »

— « Écoutez, le Recousu, si vous ne voulez pas de l'affaire, je crois bien que la Biquebois en voudra. »

— « La Biquebois !... celle qui s'est *épousée* avec un bancal qu'on appelle *Tourne-à-gauche*, la satanée *escroqueuse* qui a longtemps fait voir une femme à tête de porc... qui était une ourse à qui on faisait, le matin, la barbe sur toute la superficie..... la Biquebois t'a fait des propositions,... faut t'en défier, mon petit, elle est en plein dans le *papier-à-douleur*... oui innocent, dans les protêts et dans les huissiers... Bois, cochon ! »

— « En êtes-vous bien sûr, le Recousu, alors je retomberai sur le père Pizarre. »

Et Gianni se leva.

— Le Père Pizarre ?.... est-ce qu'il n'a pas *une immoralité* contre lui... bon ! tu vas dire que *j'écorne* les camarades... c'est que le Recousu on le connaît, on ne peut pas lui *re-*

procher un cheveu de la tête..... mais toi, sais-tu, tu connais tout!.. *tu es comme la frontière de Tournai, où il ne passe pas une souris qu'on ne sache combien elle a de poils.....* Au fait, dis-donc, j'ai vu travailler le môme... il va joliment le crapaud... des reins que c'est comme de la *vraie* osier..... et dans les jambes on dirait qu'il a toujours des *fremis*... bien sûr, il *fera son chemin sur les deux mains*, l'enfant!.... Bois donc, cochon! »

— « Merci, je n'ai pas soif... Bien décidément, vous ne prenez pas la chose pour trois mille francs ? »

— « Voyons, pas même le *coup de l'estime*... et donc puisqu'il n'y a pas à te faire la *ficelle au sentiment*...et pour en finir... je t'en donne là deux mille francs. »

— « Non, le Recousu, vous savez aussi bien que moi que ce que je vous vends, vaut plus de trois mille francs... tenez... je vous abandonne le tout pour deux mille cinq cents francs, à condition que vous me payerez comptant, et que vous me prendrez tout mon monde. »

— « Prendre tout ton monde... mais autant me proposer de *me frotter le derrière contre un rosier*..... qu'est-ce que tu veux, bon Dieu, que je fasse de toute ta *fripouille*... ton trombone a perdu son soufflet... ton Alcide n'est plus bon qu'à porter des paquets en ville... ton *marchand de grimaces*, ton *lardeur de veau*, ton Cochegru, je n'en voudrais pas pour dérider mon chien... ta danseuse de fil d'archal, elle est forcée comme une paire de vieilles pincettes... et crevarde à ce point la grande *landroille* qu'on pourrait l'appeler : *la paresse de se faire enterrer.* »

— « Allons, le Recousu, vous avez tâché de me l'enlever, je le sais ! »

— « Ah, le fils de diable cornu !... avec son air de Jean-Bête... il a encore plus de *maligance* que son père... et avec cela il ne se *ruinera jamais en paroles*... mon petit, décidément tu es plus fort que moi... Allons, faisons avancer *la vaisselle de poche.* »

— Et le Recousu retira d'autour de ses reins une ceinture de marchand de bœufs.

— « Tiens, voilà tes deux mille deux cents ! »

— « J'ai dit deux mille cinq cents, le Recousu, et par là-dessus l'engagement de monmonde. »

— « C'est bien, il faut en passer par tout ce que veut ce Bescapé de malheur. »

— « Vous me payerez, le Recousu, quand vous aurez pris livraison... et venez la prendre cette livraison... car je pars, moi ! »

— « Tout de suite, comme ça.. pas de bêtises... tu ne vas pas monter une autre troupe. »

— « Non, cette vie-là... c'est terminé. »

— « Tu changes de métier?... tu pars pour le *pays des Brandouilles ?* »

— « Vous saurez ça plus tard. »

— « C'est topé, n'est-ce pas,.. alors prends les devants... je te rattrape... moi, il faut que *je me jette sous le nez* cette sixième... sans ça je n'aurai pas *ma jauge.* »

XXIII

Quand Gianni rentrait, il trouvait sur la porte de la baraque, la *Talochée* en faction. Il avait déjà remarqué que depuis quelques jours, plusieurs fois, elle avait été au moment de lui parler, mais ses paroles étaient restées dans sa bouche, au moment d'en sortir : « C'est vous enfin, Monsieur Gianni, vous avez été bien longtemps dehors ce matin... je voulais... » et elle s'arrêta, puis reprit d'un air embarrassé : « En deux mots, voilà la chose... on dit qu'on aime maintenant les femmes sauvages... que ça fait de l'argent... Alors j'ai demandé comment *cela se dévore*... ce n'est pas bien malin, allez, de manger des poules crues... et moi je ne suis pas fière.... et pour vous j'en mangerai bien.... et aussi des cigares. »

Gianni la regarda. La *Talochée* rougit, et dans le noir de sa peau tannée passa le secret d'un tendre sentiment, enfoui au fond d'elle, pour son jeune directeur. La pauvre fille, dans son amoureux dévouement, à la recherche d'un moyen pour remonter les affaires des Bescapé, faisant taire ses orgueils de premier sujet de la danse de corde, consentait à descendre dans une sublime abnégation à ce dernier et humiliant échelon de la profession : la mangeuse de poules crues.

— « Ma pauvre *Talochée,* je te remercie, dit Gianni, en l'embrassant avec des yeux humides, tu aimes vraiment les deux frères, toi !.... mais à l'heure qu'il est le *bataclan* est vendu, et tiens voilà le *Recousu* qui vient entrer en possession.... Tu sais qu'il n'y a de changé que le directeur.... mais, si jamais tu as besoin d'une pièce de dix francs et qu'il

y ait un *jaunet* chez les Bescapé, souviens-toi
que la poste existe.... Allons, pas d'attendrissement... Mets mes frusques et celles de mon
frère dans la malle en bois, et vite, car nous
partons aujourd'hui, tout de suite... et là-dessus, je vais remettre les clefs de la boutique
au Recousu. »

Gianni revenait au bout d'une heure, mettait
la malle sur son épaule, disait à Nello
étonné de ce départ soudain : « Eh ! frérot,
prends la caisse à violon, et vivement au chemin de fer pour Paris. »

Après une poignée de main donnée aux
vieux compagnons, tous deux s'éloignaient,
tous deux se retournant à une vingtaine de
pas, d'un mouvement commun, vers la *Maringotte*, ainsi que des gens qui viennent de
vendre la maison paternelle, et qui, avant
de la quitter pour toujours, disent des yeux
un long adieu aux murs où ils sont nés et où
les autres sont morts.

XXIV

En wagon le frère aîné disait au cadet : « N'est-ce pas, frérot, tu ne trouvais pas bien récréatif de toujours courir la province, de toujours trimer dans les foires?.. »

— « Moi, — dit simplement le jeune frère, moi, tu serais resté, eh bien je restais... tu pars, je te suis... tu irais aux Grandes-Indes, j'irais aux Grandes-Indes... et vrai, je te croirais n'avoir pas ton bon sens,... que ce serait tout de même. »

— « Oui, je le sais, reprit l'aîné, c'est pourquoi les explications étaient inutiles... ça ne fait rien, les voici... nos affaires... elles n'étaient pas brillantes... mais ce n'est pas cela qui m'a fait vendre... j'ai en tête des projets pour nous deux... » Et Gianni, un moment, pianotant d'une main distraite sur la banquette de bois des troisièmes, reprit : « Donc nous serons ce soir à Paris... demain je tâcherai de nous faire engager au Cirque... là nous verrons. »

Et sur ces mots, Gianni s'enferma jusqu'à Paris dans le nuage de sa pipe, pendant que Nello, amusé du changement ainsi qu'un enfant, et tout fier de la perspective de débuter au Cirque, dans un bonheur remuant, expansif, bavard, tourmentait la somnolence de gras et apoplectiques voisins en blouse, par ses paroles, par ses penchements à la portière, par ses descentes et ses remontées à chaque station.

XXV

Du chemin de fer, les deux frères se faisaient conduire dans un petit hôtel de la rue des Deux-Écus, que Gianni se rappelait avoir habité quelques jours avec son père, quand il était tout petit. Par un escalier à la rampe de bois, on les faisait monter au cinquième, dans une petite chambre au plafond si bas et si inégal, que, quand Gianni voulut changer de chemise, il lui fallut chercher un endroit de la chambre où ses bras pouvaient tenir levés en l'air.

Ils sortaient aussitôt, dînaient chez le premier marchand de vin qu'ils rencontraient, se rendaient rue Montesquieu, et là ils achetaient chacun un pantalon et un paletot. Ils faisaient aussi l'acquisition de bottines à vis et de casquettes.

Ils montaient alors dans un fiacre et se faisaient conduire au Cirque, où ils prenaient des premières, et avec l'instinct d'habitués de baraques de saltimbanques se plaçaient à l'entrée du côté gauche. Ils arrivaient le gaz baissé, la grande rosace de sable jaune dessinée au milieu de l'arène noire, non encore effleurée par le talon de l'écuyer à la chambrière; et c'était pour eux un curieux spectacle que tout le détail et la menue préparation de ce spectacle de chevaux et de tours de force monté sur un si grand pied.

Le monde arrivait, la salle peu à peu se remplissait.

Bientôt un écuyer, qui reconnaissait des gens du métier à ces riens qui trahissent des gymnastes sous le costume bourgeois, à l'équilibre balancé des mouvements, au flottement ondulant du torse dans un paletot sans gilet, au croisement l'un sur l'autre des deux bras avec les coudes dans les mains, se mettait à parler aux deux frères, les renseignait, leur disait l'heure à laquelle on trouvait le directeur du Cirque.

Et la représentation commençait.

Gianni regardait beaucoup, sans rien dire. Quant à Nello, à chaque exercice, il s'échappait en exclamations, en phrases pareilles à celle-ci : « Nous faisons cela !... Tu ferais cela ?... Nous ferions cela au bout de quinze jours ! »

Ils revenaient, ayant une certaine peine à retrouver leur hôtel, et, quand ils furent déshabillés, Gianni échappait à la parole de son frère qui continuait au lit, en lui disant qu'il était très fatigué, et en s'enfonçant la tête dans le mur.

XXVI

Le lendemain, Nello, en se réveillant, surprenait son frère fumant sa pipe, accoudé à la fenêtre ouverte de leur petite chambre, et si attentionné qu'il ne se retournait pas au bruit qu'il faisait en s'habillant.

Un peu intrigué, Nello se mettait à chercher par-dessus l'épaule de son frère ce qui pouvait bien tellement intéresser Gianni sur le mur en face. C'était, séparée par une cour de quinze pieds, une muraille commençant dans une couleur de fumier et finissant dans une couleur de suie, et dont sortaient sur toute sa surface haute de cinq étages, un tas d'appendices et d'objets accrochés en quête

de jour et de lumière dans le trou ténébreux.
Cela commençait au-dessus d'un magasin
fermé avec les formidables barres de fer
d'une boutique de Ghetto, par un petit promenoir en bois pourri où se voyait, au milieu
de pots de chambre égueulés, un bouquet
dans une boîte à lait en fer-blanc. Sur le toit
moussu et verdâtre du promenoir, était cons-
truite avec des lattes et de vieux treillages, et
prenant toute la largeur de la cour, une immense cage à lapins, dont les blancs effare-
ments entre ciel et terre se détachaient sur
un fond roux. Plus haut des fenêtres de toutes
les formes et de tous les âges et comme per-
cées au hasard, retenaient entre les mailles
de filets aux grosses cordes, des jardinets avec
des fleurs jaunes dans des caisses en planches. Plus haut encore, était accroché au mur,
un grand panier en osier à faire chauffer le
linge pour un bain, que le propriétaire avait
transformé en une cage où voletait une pie.
Enfin tout en haut, à côté d'une lucarne, près

d'un plomb, séchait, sur une ficelle, une robe en jaconas aux pois roses.

Et les yeux étonnés de Nello, après son examen, revenaient aux yeux de son frère qu'il s'apercevait ne rien voir de ce qu'il regardait.

— « A quoi penses-tu donc. Gianni ? »

— « A partir tous les deux pour Londres ! »

— « Et le Cirque ? »

— « Patience, enfant... le Cirque, on y arrivera... un jour..... — reprit Gianni allant et venant dans la petite chambre. — Ça ne t'a pas dit ce que tu as vu au Cirque..... non ça ne t'a pas dit ce que ça m'a dit à moi..... eh bien, les choses que nous exécutons, ces Anglais les font autrement... et mieux..... ah ! ces Anglais..... un joli *travail* à aller étudier sur place et dans l'endroit..... ces gens ont la *vitesse* dans la force... peut-être y a-t-il chez nous trop de dislocation, trop de dépense pour acquérir la souplesse... et à ce jeu, perdons-nous la rapidité dans la contraction des muscles?... Puis, est-ce drôle?.. hier, c'est comme si tout à coup on m'avait fait voir ce qu'il nous fallait faire dans notre métier... ce qui nous allait à tous les deux..... Enfin, bêta.... eux, les autres d'hier..... c'était à la fois ce que le père faisait et ce que nous faisons, nous !.... oui, des machines où le gymnaste est une façon d'acteur..... et là dedans, quand tu y mettras tes gentillesses, frérot... vois-tu, il y a pour nous autre chose qu'à *friser la cabriole...* »

Gianni remarquant une moue triste sur la figure de son frère ajoutait : « Toi qu'est-ce que tu dis de cela ? »

— « Que tu as toujours raison, mon grand ! » répondait Nello dans un soupir.

Gianni regarda son frère avec une émotion tendre qui ne parla pas, mais qui se témoigna par un imperceptible tremblement de ses doigts en train de bourrer une nouvelle pipe.

XXVII

L'Angleterre est le pays de l'Europe, qui, dans la matérialité brute d'un tour de force, a inventé d'introduire l'esprit. Là, la gymnastique s'est transformée en pantomime ; là, un déploiement bête de muscles et de nerfs est devenu quelque chose de plaisant, de mélancolique, quelquefois de tragique ; là, les souplesses, les agilités, les adresses d'un corps se sont appliquées à faire rire, à faire peur, à faire rêver, ainsi que font les scènes de théâtre. Et en cette Grande-Bretagne, et par des créateurs inconnus, dont il reste à peine quelques noms du dix-huitième siècle, épars sur les feuillets d'émargement du Cirque Astley, a eu lieu la trouvaille d'une toute nouvelle comédie satirique. Ç'a été comme une rénovation de la farce italienne, où le clown, ce *niais de campagne*, ce gymnaste-acteur faisait revivre en lui à la fois Pierrot et Arlequin, projetant l'ironie de ces deux types entre ciel et terre ; — la grimace du blanc enfariné, comme étendue et promenée sur toute la musculature de sa raillarde académie.

Et; — fait curieux, — il est arrivé en la patrie d'Hamlet, que cette création toute anglaise, le génie de la nation l'a marquée à son caractère de flegme et d'ennui noir, et qu'il en a façonné la gaieté, si l'on peut le dire, avec une espèce de comique splénétique.

XXVIII

L'année de l'arrivée à Londres des deux frères, il existait dans Victoria-Street un endroit nommé *les Ruines*. C'était un immense terrain, où la commission des AMÉLIORATIONS MÉTROPOLITAINES avait fait démolir trois ou quatre cents maisons, un espace désert tout parsemé d'écroulements, avec dans le ciel des vieux murs encore debout à côté d'assises de maisons neuves dont la bâtisse était arrêtée, une terre d'ordures et de décombres, un coin de capitale abandonnée, où une herbe malheureuse commençait à se lever d'un sol de plâtre, d'écailles d'huîtres, de tessons de bouteilles : un Clos Saint-Lazare enfin. Les Ruines, depuis plusieurs années, étaient le rendez-vous, le gymnase en plein air de tous les acrobates, gymnastes, *trapézistes* du trapèze volant ou du trapèze fixe, clowns, jongleurs, danseurs de cordes, équilibristes sans emploi, de tous les gens nés dans la *sciure de bois* (1) ou désireux d'y vivre : l'école en un mot d'où sortirent depuis Franck Berington, Costello, Jemmy Lée, Bill Georges, Joé Welh, Alhambra Joé. Le soir surtout les Ruines présentaient un curieux spectacle. Dans l'obscurité du champ de démolitions, entre ses pans de murailles noires aux silhouettes un peu effrayantes, à travers le vol tournoyant de petits fragments pourris des papiers de tenture détachés par le vent, au milieu de la fuite de troupeaux de rats éffarés, et aussi loin que se prolongeait l'étendue té-

(1) Dans les cirques anglais la sciure de bois remplace le sable. De là, la locution pour les gens nés dans le métier, de naître dans la *sciure de bois*, et encore de là l'espèce de proverbe qui dit : Que pour un vieux clown l'odeur de la sciure de bois est ce qu'est l'odeur du goudron pour un vieux marin,

nébreuse, et brouillardeuse, la lumière de quatre bouts de chandelles fichées en terre, montrait vaguement, çà et là, au-dessus du tremblotement d'une pâle lueur, des ombres de corps se promenant ou voltigeant dans la nuit du ciel.

Les premiers jours Gianni et Nello regardaient les autres travailler, puis au bout d'une semaine, ils apportaient leurs instruments de travail et leurs chandelles; et le petit trapèze attaché aux montants d'une grande porte déménagée dans une maison qui n'était plus qu'une façade, ils se mettaient à travailler dans l'émerveillement des Anglais.

Les deux Français avaient pour voisin de leurs exercices, un homme maigre et long, aux jambes de pétrin phtisique, s'exerçant à serpenter à travers les barreaux d'une chaise : l'Irlandais, surnommé le *Ver de terre*, le disloqué, qui, les jambes repliées en arrière et cravatant son cou, se mettait en boule, roulait, cassait un noyau de pêche avec son derrière.

Ils apprenaient bientôt de lui, que là-bas, les directeurs n'engagent pas directement de sujets, que le monopole de tous les engagements pour les Trois-Royaumes, était entre les mains de deux seuls hommes à Londres : M. Maynard domicilié dans Yorck-Road-Lambeth et M. Roberts demeurant à Compton-Street. Le *Ver de terre* prévenait en outre les deux frères que ces messieurs avaient l'habitude de retenir 15 pour 100 de commission sur les engagements qu'ils faisaient.

Gianni et Nello se rendaient un matin chez M. Roberts, montant un escalier où sur les marches, des nourrices échevelées et la poitrine débraillée, allaitaient des enfants, en fumant, la tête appuyée aux murs, de longues pipes courbes.

Les deux frères devaient attendre leur tour dans une sorte d'antichambre dont les murs étaient garnis de haut en bas, et l'un touchant l'autre, de petits cadres en bois blanc contenant les photographies de toutes les célébrités des cirques, des gymnases, des cafés-concerts de l'Europe.

Et des photographies leurs yeux allaient aux gens qui sortaient du cabinet aux engagements, et qu'ils entendaient nommer par ceux qui attendaient à côté d'eux. C'était Hassan l'Arabe ; c'était le père Zamezou sous son feutre aux larges bords et son manteau raisin de Corinthe, cette couleur affectionnée par les vieux acteurs ; c'était Sandy avec encore dans ses poches un restant des pépites qu'on lui avait jetées à San Francisco et à Melbourne, Sandy dans sa veste doublée de phoque et son gilet rouge-écarlate ; c'était l'élégant Berington et sa redingote de velours noir, une chaîne d'or allant de sa boutonnière à sa poche de côté, et sur l'oreille un chapeau tyrolien surmonté d'une plume de paon ; puis des inconnus dont le bas de la figure disparaissait dans des cache-nez de laine graisseux, et encore des femmes enveloppées de cachemires, semblables à ceux que les ambulantes des quatre saisons promènent sur les voitures de salades.

Enfin ils pénétraient dans le cabinet de Roberts, un petit homme, à la peau de figure tannée, *rhinocérisée*, et portant des anneaux d'or aux oreilles.

Il interrompait Gianni au bout de deux ou trois mots de son mauvais anglais :

« Très bien, j'ai justement besoin d'une paire de bons gymnastes pour Springthorp à Hull... mais je ne vous connais pas... ou avez-vous été engagés déjà? »

C'était la demande que craignaient les deux frères, et un moment Gianni resta déconcerté, quand, d'un coin noir du cabinet, une voix que les deux frères reconnurent pour être celle du *Ver de terre*, jeta à Roberts : « Je les connais moi... Ils arrivent du Cirque de l'Impératrice. »

— « Oh! alors vous faites l'affaire... L'engagement sera pour six nuits à partir de samedi prochain... vous aurez cinq livres. »

XXIX

A la suite des six nuits de Hull, où ils réussissaient complètement, les deux frères allaient *étoiler* douze nuits à Greenock en Écosse, puis ils étaient engagés toujours comme « étoiles », selon l'expression anglaise, dans un café-concert de Plymouth. Et leur engagement de Plymouth terminé, pendant dix-huit mois, perpétuellement sur les chemins de fer et les bateaux à vapeur, ils donnaient des représentations dans presque toutes les grandes villes des Trois-Royaumes. Un jour cependant, leur notoriété de *trapézistes* leur permettait de refuser les engagements, où il y avait des frais trop considérables de voyages :

Gianni voulant que son frère et lui vécussent de ce qu'ils gagnaient, parcimonieux de l'argent de la vente de la *Maringotte*, et cherchant à le garder pour un cas imprévu, pour un de ces accidents arrivant si souvent dans leur profession.

Cette dure vie avec la fatigue de ces incessants et conditionnels déplacements avait un but: elle permettait aux deux frères par ces attachements volants de quelques jours, par cette succession de séjours dans des troupes différentes, d'étudier le travail de presque tous les gymnastes comiques de l'Angleterre. Au moyen de leur engagement comme trapézistes il était donné à Gianni et à Nello de s'approprier la singularité, l'originalité, *la blague* gymnastique de chaque clown aux côtés duquel ils vivaient une semaine ou deux, de pénétrer en un mot le *genius* intime et particulier de l'art dans toutes ses manifestations diverses chez des individus différents. Et tous deux s'exerçant dans le secret, cherchant, préparant de petites inventions drôlatiques, étaient des clowns — des clowns ayant d'avance dans leurs malles leurs costumes — des clowns tout prêts à faire leur apparition dans le *ring*, quand le hasard leur en fournirait l'occasion.

XXX

L'occasion ne se faisait pas attendre. A Carlisle, un jour, Newsome, le directeur d'une troupe dont faisaient monentanément partie les deux frères, à la suite d'une contestation avec Francks, l'illustre *pince-sans-rire* Francks, se trouvait soudainement abandonné, au moment d'une représentation, par son premier clown et son associé. Newsome se trouvait dans le plus grand embarras, quand Gianni lui proposait de l'essayer lui et son frère. Bientôt, tous deux paraissaient dans l'arène, en tête du bataillon clownesque, vêtus de costumes à la fois singulies et coquets, et Nello jetant, ma foi, en fort bon anglais au public la phrase consacrée des clowns :

« Here we are again — all of a lump ! How are you (1) ? »

Aussitôt commençait une série de scènes délicatement bouffonnes, entremêlées de tours de force, et de poses plastiques, et de musiques bizarres, mêlant et confondant dans des tableaux rapides et toujours nouveaux, les torses et les violons des deux frères : des scènes où l'originalité distinguée du comique, la grâce et l'élégance de la force, le charme juvénile de la beauté académique de Nello, et même le plaisir enfantin et rieur qu'il apportait à son début, faisaient éclater la salle en applaudissements frénétiques.

---

(1) Nous voilà encore de nouveau — tous en tas ! — Comment vous portez-vous ?

XXXI

Sinistre est devenue la clownerie anglaise de ces dernières années, et parfois elle vous fait passer légèrement dans le dos, ce que le siècle dernier appelait : « la petite mort ». Elle n'est plus du tout l'ironie sarcastique d'un pierrot à la tête de plâtre, un œil fermé, et du rire dans un seul coin de la bouche ; elle a même rejeté le fantastique hofmannesque et le surnaturel bourgeois dont elle avait, un moment, habillé ses inventions et ses créations. Elle s'est faite terrifiante. Tous les émois anxieux et les frissonnements qui se lèvent des choses contemporaines, et sous le gris et le sans couleur des apparences, leur tragique, leur dramatique, leur poignant morne, elle en fait sa proie, pour les resservir au public dans de l'acrobatisme. Il y a en elle de l'épouvantant pour le spectateur, de l'épouvantant fabriqué de petites observations cruelles, de petites notations féroces, de petites assimilations sans pitié des laideurs et des infirmités de la vie, grossies, outrées par l'*humour* de terribles caricaturistes, et qui, dans la fantaisie du spectacle, se formule en un fantastique de cauchemar, et vous donne un rien de l'impression angoisseuse de la lecture du Cœur Révélateur par l'Américain Poe. On dirait la mise en scène d'une diabolique réalité, éclairée d'un capricieux et méchant rayon de lune. Et ce ne sont depuis quelque temps, dans l'arène des cirques et sur les théâtres des salles de concert de la Grande-Bretagne, que des intermèdes où les gambades et les sauts ne cherchent plus à amuser l'œil, mais s'ingénient à faire naître, et des étonnements inquiets et des émotions de peur et des surprises presque douloureuses, de ce remuement étrange et maladif de corps et de muscles, où passent mêlés à des pugilats ricanants, à des scènes d'intérieur horripilantes, à des cocasseries lugubres, des visions de Bedlam, de Newcastle, d'amphithéâtre d'anatomie, de bagne, de morgue. Et le décor le plus ordinaire de cette gymnastique, quel est-il ? — un mur, un mur de barrière sous une lumière suspecte, un mur où il y a encore dessus comme du crime mal essuyé, un mur sur la crête duquel apparaissent en habits noirs, ces modernes fantômes de la nuit, et qui en descendent avec des allongements de jambes qui deviennent longues, longues... comme celles que voient dans leurs rêves, les mangeurs d'opium de l'extrême Orient ; puis là, avec la projection de leurs ombres fallotes et disloquées sur ce blanc mur, qui semble un linceul faisant un drap de lanterne magique, commencent les tours de force maniaques, les gesticulations idiotes, la mimique agitée d'un préau de fous.

Et dans cette glaçante bouffonnerie et dans toutes les autres, l'habit noir rapé, la toute récente livrée du clown anglais apporte quelque chose de mortuairement funambulesque, un semblant macabre de la goguette d'agiles croque-morts.

XXXII

La pantomime gymnastique des deux frères ne ressemblait nullement à celle des clowns anglais de la dernière heure. Il y avait dans cette pantomime une réminiscence du rire de la comédie italienne mêlée à un peu de la rêverie que les fils de Stépanida mettaient dans le son de leurs deux violons. C'étaient en ce qu'ils exécutaient, des choses ingénues qui amenaient l'attendrissement, et des choses doucement comiques qui faisaient sourire, et des choses légèrement lunatiques qui donnaient à songer : toutes choses parmi lesquelles la grâce gamine de Nello jetait un enchantement particulier et qu'on ne peut exprimer.

Puis ils avaient introduit dans leurs exercices un certain fantastique, qui n'avait rien de *cimetiéreux*, de triste, de sombre, un fantastique joli, coquet, spirituel à la façon d'un conte noir qui se moque, par ci par là, de la crédulité de son lecteur. Et encore tout le temps de l'imprévu, de l'inattendu, de la fantaisie, du caprice, et, à mesure que le temps passait, comme l'éveil, en les membres sveltes de Nello, d'une vie fantasque.

Enfin on ne savait, à propos de quoi et comment, le spectacle plastique des deux frères évoquait dans l'esprit des spectateurs, l'idée et le souvenir d'une création ironique baignant dans du clair-obscur, d'une espèce de rêve shakesperien, d'une sorte de Nuit d'été, dont ils semblaient les poétiques acrobates.

XXXIII

Newsome avait engagé le couple à raison de dix livres sterling par semaine, et les deux frères maintenant attachés à la troupe vivaient en assez bonne confraternité avec les hommes et les femmes. Les hommes étaient de bons camarades avec un peu de morgue britannique. Les femmes, toutes honnêtes femmes, toutes mères de famille, étaient « douces comme des moutons »; seulement de certains jours, sous une excitation de *gin*, ou d'un vent de nord-est, celles qui ne s'aimaient pas, se mettaient à se boxer. Et ce n'étaient pas les batteries de femmes françaises, où il y a plus d'injures et de bonnets déchirés que de coups, mais bien vraiment de véritables combats de boxeurs, où la battue restait quelquefois quinze jours au lit.

Au fond, les deux frères avaient presque repris leur vie voyageuse de la France à travers les Trois-Royaumes, toutefois en des conditions meilleures et dans un pays plus curieux des exercices du corps. En cette Angleterre, où dans les petites villes l'arrivée d'un cirque est un événement, et où la promenade par les rues du personnel, de ses chevaux, de ses curiosités, de ses cages d'animaux féroces. fait fermer les boutiques comme un jour de fête, la gracieuse clownerie de Gianni et de Nello était admirablement accueillie, et commençait à avoir une influence sur les recettes. De temps en temps, pour s'attacher les deux artistes, Newsome donnait à leur profit une de ces représentations, où les bénéficiaires vont de maison en maison placer les billets, une représentation qui leur rapportait cinq ou six livres. Et le nom des deux clowns, un nom de guerre qu'ils avaient pris là-bas, brillait, en védette, sur les affiches imprimées avec l'encre la plus rouge de la Grande-Bretagne.

XXXIV

Au milieu de l'accueil fait à leurs exercices par les Anglais, du petit bruit se levant autour de leurs noms, le jeune Français qui était dans Nello prenait l'ennui de l'Angleterre. Son tempérament latin avec ses ascendances en des contrées du soleil, commençait à avoir assez du brouillard de la Grande-Bretagne, de son ciel gris, de ses maisons enfumées, de cette atmosphère de charbon de terre pénétrant tout de sa crasse, et faisant reconnaître, à la première vue, des monnaies d'argent, qui, même enfermées en des médaillers, ont séjourné quelques années dans ce pays de la triste et obscurante houille. Il était las du chauffage, de la cuisine, des boissons, des dimanches, et des femmes et des hommes des Trois-Royaumes. Puis, sans se sentir souffrant, Nello contractait l'habitude de toussoter, et cette petite toux, qui n'avait cependant rien d'inquiétant, réveillait dans la mémoire de Gianni un souvenir, le souvenir que leur mère était morte d'une phtisie.

Nello, sans rappeler sa mère par une ressemblance frappante au premier coup d'œil, en était tout le portrait. Le dernier-né avait beaucoup de sa conformation physique, et un peu du féminin de la bohémienne était répandu sur toute la délicate masculinité du clown. Quant à son visage, c'était singulier, il n'était pas absolument le même, et cependant Nello avec sa peau blanche, ses yeux d'un noir spirituel, sa petite bouche épanouie, sa moustache blonde comme le chanvre, les douceurs souriantes et un peu moqueuses de toute sa figure, faisait souvenir du visage maternel par l'affinement d'un trait, la courbe d'un contour, le je ne sais quoi physionomique d'un regard, d'un sourire, d'une moue de dédain, par mille riens qui, en de certains moments, dans quelques attitudes de tête, sous des coups de jour particuliers, donnaient à voir en lui, Stépanida mieux revivante, que si son enfant en eût été l'image fidèle. Et maintenant dans la longueur des heures que les deux frères passaient en chemin de fer, au milieu de ces camarades parlant une autre langue, sous l'influence de la rêvasserie venant là dans l'ennui d'un interminable voyage, il arrivait à Gianni de regarder Nello pour se donner quelques instants l'illusion de retrouver, de revoir sa mère.

Un jour, où toute la troupe de Newsome était partie de Dorchester pour se rendre à Newcastle, Gianni avait en face de lui Nello dans le wagon, dormant la tête renversée, le nez en l'air, la bouche ouverte, et toussant de temps en temps sans que sa toux le réveillât. Le soir était venu, et avec le jour tombant, les orbites de Nello s'emplissaient d'ombre, et dans sa figure amaigrie, de la nuit entrait dans ses narines, dans le trou de sa bouche. Gianni, les yeux sur son frère, crut voir, en une vision d'un instant, la tête de leur mère sur l'oreiller de la *Maringotte*.

Gianni réveillait brusquement Nello :

— « Tu es malade ? »

— « Mais non ! — fit Nello, dans un petit secouement frileux. — Mais non ! »

— « Mais si….. Écoute-moi, frérot… ah ! je n'ai pas de chance vraiment… j'ai perdu inutilement près de deux années autour du *soulèvement par un seul poignet*… Brady, le professeur de gymnastique de New-York, n'a jamais pu arriver qu'à sept ascensions… moi, tu sais, j'en obtiens neuf… mais je ne vois pas ce que je puis te faire faire là dedans… et c'est encore absolument la même chose pour cette suspension dans le vide, les bras complètement étendus, et que réussissent seuls les hommes de Cuba… eh bien ! ces jours-ci j'avais cru tenir une machine, une vraie machine... — mais au dernier moment, va te faire fiche !... ça ne m'a plus paru possible, faisable la chose... ce que je voulais, frérot... tu vas me comprendre.... il s'agissait, avec ce que nous exécutons maintenant... d'introduire là dedans un tour... mais là un vrai, un pas ordinaire.... c'était assez bien, hein ? comme ça, de faire son entrée au Cirque de Paris. »

— « Pourquoi ne pas attendre ? »

— « Pourquoi... parce que tu t'ennuies... parce que tu tousses... et je ne veux pas que tu tousses, moi !... Oui, nous allons décamper... Nos débuts là-bas, que veux-tu, ce sera moins flatteur... mais un jour... et c'est bien le diable, si ce jour n'arrive pas... alors on se rattrapera... Donne-moi encore un mois, six semaines... c'est tout ce que je te demande. »

XXXV

Dans l'ennui que Nello éprouvait au milieu de ce monde anglais, l'engagement par Newsome d'un prestidigitateur français apportait une petite diversion. C'était un jeune homme aux allures parfaitement distinguées, et sur lequel couraient des bruits singuliers, et qu'on disait ne pouvoir jamais rentrer en France : un garçon de grande famille qui se serait laissé aller à tricher au jeu pour donner de l'argent à une femme du monde qu'il aimait éperdument. Entre ces deux exilés de France, se nouait une intimité, une intimité mélancolique, mais douce et à laquelle se trouvait associée la compagne actuelle du

gentilhomme déshonoré, une pauvre colombe
dont le rôle était d'être escamotée par lui tous
les jours, et qui à ce métier et à cette vie
d'obscurité dans le fond des poches, avait
perdu sa grâce amoureuse, animée et remuante, — et toujours immobile, et sans
roucoulement, et sans froufrou de plumes,
semblait un triste oiseau en bois.

Mais au moment où, avec l'été, la santé
de Nello semblait se remettre tout à fait, et
où il paraissait prendre presque gaiement son
parti de son séjour là-bas, le directeur-gérant
des Deux-Cirques de Paris, dans une des tour-
nées annuelles qu'il fait en Angleterre pour
recruter des talents neufs, inconnus de la
France, voyait les deux frères *travailler* à
Manchester, et les engageait pour la réouver-
ture du Cirque d'hiver, fin octobre.

XXXVI

Les deux frères étaient, rue de Crussol, dans le cabinet du directeur des Deux-Cirques, dans ce grand salon bas, à l'immense table couverte d'un tapis vert, aux fauteuils à l'acajou et à la forme archaïque du premier Empire, aux murs couverts d'un papier triste, et sur lesquels, attachées par des épingles, se lisaient de vieilles affiches des premières représentations d'exercices restés célèbres, mêlées à quelques pimpantes et voyantes chromolithographies de Chéret.

Le directeur donnait lecture aux deux frères de l'engagement qu'ils allaient signer.

« Entre les soussignés. . . . .

. . . .

« A été arrêté et convenu ce qui suit :

« 1° MM. Gianni et Nello déclarent s'engager dans la troupe de la société des Deux-Cirques en qualité de « clowns » pour y être utilisés selon les moyens, que le directeur-gérant leur reconnaîtra, et ainsi qu'il le jugera convenable, non seulement dans les représentations des Deux-Cirques à Paris, mais dans les représentations qui pourraient être montées soit en France, soit à l'Étranger, dans toutes salles, jardins, lieux publics ou privés, etc., quels qu'ils soient, qui seraient désignés à cette effet, et quel que soit le nombre de représentations qui pourraient être données par jour.

« 2° MM. Gianni et Nello devront en conséquence suivre la troupe en totalité ou en partie, où et par où le directeur-gérant jugera convenable de la faire transporter en France ou à l'Étranger, et même se déplacer seuls, s'il l'exige, et ce, sur sa simple réquisition et sans pouvoir exiger aucune augmentation d'appointements, ni aucun dédommagement quelconque autre que celui des frais de transport, qui aura lieu par la voie et par le mode qui seront prescrits par le directeur-gérant.

« 3° MM. Gianni et Nello s'obligent à donner leurs soins aux détails du service, et à faire ainsi qu'il est d'usage dans les troupes équestres, la terrasse du manège et la préparation de la piste, et à revêtir l'uniforme qui leur sera donné pour se rendre à toute représentation utile au service du manège.

« 4° MM. Gianni et Nello s'engagent en outre des articles ci-dessus stipulés, à donner, tous les soirs, un numéro (1).

« 5° MM. Gianni et Nello devront pour le service des répétitions, se rendre au lieu et à l'heure qui seront fixés, toutes les fois qu'il en sera donné avis, soit verbalement, soit par

(1) Un exercice qui devait être exécuté par les deux clowns seuls en scène.

le tableau indiquant le programme et l'ordre des exercices de chaque jour. Ils s'obligent en outre à se trouver au manège, une demi-heure au moins avant le commencement de chaque représentation, lors même qu'ils ne seraient pas inscrits au programme de la représentation, et enfin à travailler en remplacement ou surcroît, toutes les fois qu'ils en seront requis.

« 6° Le directeur-gérant se réserve le droit de régler, seul, le travail de MM. Gianni et Nello et d'y faire toutes les modifications, additions ou suppressions qu'il jugera convenables.

« 7° MM. Gianni et Nello ne pourront paraître dans aucun endroit public ou privé autre que celui où la troupe des Deux-Cirques donnera ses représentations, sous peine d'une amende d'un mois d'appointements par chaque infraction.

« 8° MM. Gianni et Nello déclarent connaître les divers règlements des Deux-Cirques et se soumettre à tout ce qu'ils prescrivent, regardant comme légales les amendes qui leur seraient imposées en vertu desdits règlements.

« 9° En cas de clôture ou de suspension de spectacle par suite de force majeure, incendie, calamité publique, ordre de l'autorité supérieure, troubles graves, ou pour toute autre cause de quelque nature qu'elle puisse être prévue ou non prévue, et ce, en tout pays où serait la totalité ou partie de la troupe, la suspension fût-elle seulement d'un jour, les appointements de MM. Gianni et Nello cesseront de courir du jour de la fermeture. Pourtant dans le cas où la clôture s'étendrait au delà d'un mois. MM. Gianni et Nello auront la faculté de se libérer du présent engagement qu'ils pourront résilier en faisant notifier leur intention au directeur-gérant.

« 10° Tous les costumes nécessaires pour paraître en public seront fournis par la direction des Deux-Cirques. Aucune modification, quelqu'elle puisse être, ne pourra jamais y être apportée.

« 11° Le présent engagement est conclu pour la durée d'une année, le directeur-gérant se réservant la faculté de résilier l'engagement au bout de six mois.

« 12° Le directeur-gérant s'oblige à payer par mois à MM. Gianni et Nello la somme de deux mille quatre cents francs.

« Les payements se feront par quinzaine.

« 13° Le directeur-gérant n'est, dans aucun cas, responsable des accidents qui pourront survenir, pendant les exercices, à MM. Gianni et Nello. »

. . . .

Au moment où les deux frères se disposaient à apposer leurs signatures après le *fait double et de bonne foi*, le directeur disait à Gianni :

— « Et vous tenez toujours à être nommés sur les affiches les clowns Gianni et Nello ? »

— « Oui, monsieur, » dit résolûment Gianni.

— « Mais c'est absurde, permettez-moi de vous le dire.... au moment où ceux qui ne sont pas du tout frères trouvent utile de faire croire au public qu'ils le sont... vous qui l'êtes vraiment. »

— « Un jour... nous la mettrons sur les affiches, nous aussi, notre fraternité... mais ce jour n'est pas venu encore.... je... »

— « Hein, vous dites? — et comme Gianni se taisait, le directeur reprit : — Enfin comme vous voudrez... mais, je vous le dis, dans dans votre intérêt et dans celui de vos débuts... vous avez tort... grand tort. »

Et le directeur, les précédant et leur servant d'introducteur, faisait traverser aux deux frères la cour qui relie l'administration de la rue de Crussol au Cirque d'hiver : — l'entrée particulière des artistes. Ils pénétraient dans les magasins aux montagnes d'accessoires gigantesques, et au plafond desquels se balançaient, à des hauteurs impossibles, des objets invraisemblables comme des mères Gigogne à la jupe de soie rose pouvant recéler une vingtaine d'enfants. Par une porte entr'ouverte, ils voyaient deux garçonnets et

une fillette, un paletot sur leurs maillots de
travail, se tenir en équilibre sur des boules,
tandis que, tout contre eux, un tigre royal, un
tigre à la santé colère, ennuyé de ce voisinage
de chair fraîche, et du remuement incessant
des boules autour de lui, se dressait, de temps
en temps, tout debout contre les barreaux de
sa cage, jetant au dehors un souffle, qui était
comme un sifflant jet de vapeur. Ils traversaient les écuries piétinantes, endormies dans
l'ombre, débouchaient dans le Cirque éclairé,
en plein midi, du jour squalide des endroits
construits pour être seulement lumineux la
nuit, et où, dans une lumière qui avait à la fois
le trouble d'un coup de soleil sous l'eau et l'azur
froid d'un corridor de glacier, assis autour d'une
table, dans l'arène vide, cinq ou six hommes
en casquettes et en vareuses, répétaient une pantomime, une pantomime prenant un caractère
singulier de la réalité triviale de ses acteurs,
de leur gaieté sans écho, au milieu de la pénombre fantomatique de la grande salle solitaire.

XXXVII

Les débuts des deux frères, sans annonces, sans réclames, sans le tambourinage ordinaire et extraordinaire de la presse, sans rien de ce qui fouette la curiosité de Paris autour d'un talent qui se produit en public, passaient inaperçus. On ne les remarqua pas même, dès d'abord, au milieu des clowns du Cirque. Cependant, à la longue, l'adresse qu'ils apportaient dans leurs exercices, la distinction, la gracilité, le charme des moindres choses exécutées par Nello, la finesse et l'imprévu de son comique, enfin l'originalité introduite par les deux frères dans le genre, mais dont on ne se rendait que bien vaguement compte, attiraient sur eux l'attention, mais sans toutefois qu'ils parvinssent à apprendre leurs noms aux Parisiens. On disait de Gianni et de Nello : « Vous savez, les deux... qui ont des noms italiens. » Ils jouissaient d'une espèce de célébrité anonyme, et c'était tout. Pourtant ils étaient les auteurs et les acteurs de petits poèmes gymnastiques d'une invention toute neuve. Voici le libretto d'une de ces fantaisies dont le Cirque conserve encore la mémoire.

XXXVIII

Dans l'obscurité que le gaz baissé fait au Cirque, Gianni dormait couché à terre, quand d'une vapeur bleuâtre s'élançait Nello, figurant, dans l'intermède poétique, un de ces lutins malfaisants, un de ces follets taquins des pays de montagnes et de lacs. Il était vêtu de couleurs de fumée et d'ombre aux sombres fulgurations des métaux cachés dans les entrailles de la terre, des nacres noires dormant au fond des Océans, et que, dans les cieux sans clartés, agitent sur leurs ailes les papillons de la nuit.

Le lutin, à pas rapides et suspendus, s'approchait sans bruit du dormeur, et se mettait, pour ainsi dire, à voleter, autour de lui, sur lui, semblant avec les balancements, les effleurements, les passes de son obscure et flottante silhouette, la descente et le tournoiement d'un mauvais rêve, sorti de la *Porte d'ébène,* au-dessus d'un sommeil humain. Gianni se remuait, s'agitait, se retournait sous l'obsession, et le lutin continuait à le tourmenter, lui mettant son souffle dans le cou, lui chatouillant la figure du crêpe de deuil des petites ailes qu'il portait aux talons et aux coudes, pesant un moment sur le creux de son estomac, du poids léger de son corps soulevé sur ses poignets, dans un accroupissement fantastique : l'image matérielle du Cauchemar.

Gianni se réveillait, promenait ses regards chercheurs à la cantonnade, mais déjà le lutin avait disparu derrière une souche d'arbre à laquelle s'appuyait la tête du dormeur.

Gianni se rendormait, et aussitôt réapparaissait, d'un bond assis sur la souche, le lutin grimaçant, qui détachait un archet et un violon liés à son costume, et en tirait, de temps en temps, quelques sons discordants, penché sur la figure de l'endormi, et en étudiant les contractions avec des contentements ineffables et de petits rires méchants d'un autre monde. Puis subitement cela devenait un charivari, le sabbat, que par la gelée d'une claire nuit d'hiver, vingt matous miaulant et jurant, font autour d'une chatte, sur le haut d'une futaille défoncée.

Mais déjà Gianni s'était mis à la poursuite du joueur de violon, et dans l'arène commençait une merveilleuse course, où le souple et malicieux follet trompait la main de Gianni prêt à le saisir, par des sauts en arrière qui lui échappaient par-dessus la tête, par des aplatissements qui lui glissaient entre les jambes, par toutes les adresses et les ruses de la fuite. Lorsqu'on croyait que Gianni allait décidément l'attraper, le lutin disparaissait dans une *roue* où l'on ne voyait, une minute, que passer et repasser le blanc de ses semelles, qui devenait à la fin un éblouissement. Et lorsque Gianni et le public cherchaient à le retrouver, il était tranquillement assis au cintre, où il avait grimpé au travers des spectateurs avec une agilité incroyable, assis dans une immobilité moqueuse.

Gianni se remettait à poursuivre le lutin. Alors recommençait dans l'air la course de tout à l'heure sur la terre. Un système de trapèzes allant et revenant des deux côtés d'un bout à l'autre du Cirque, relié dans les tournants par des cordes pendantes et lâches, avait été mis en branle. Le lutin, lâchant le premier trapèze, s'élançait dans le vide, y projetant le déroulement lent, paresseux, heureux de son corps de ténèbres, où les lumières nocturnes des lustres sous lesquels il passait, faisaient courir un instant des tons de soufre et de pourpre calcinée, et son évolution aérienne terminée, il atteignait le second trapèze, avec ce joli mouvement d'ascension volante des deux mains. Gianni lui donnant la chasse, le lutin faisait plusieurs fois le tour du Cirque, s'arrêtant une seconde, quand il avait un peu d'avance, et sur l'un des trapèzes, tirant de son violon un grincement ironique. Enfin Gianni l'atteignait, et tous deux, lâchant le trapèze, se laissaient tomber embrassés dans un *saut en profondeur* : une chute qu'on n'avait pas osé tenter encore.

Sur le sol de l'arène avait lieu, entre le lutin et Gianni, une lutte corps à corps, mais où, pour échapper aux étreintes l'un de l'autre ou pour se renverser, les apparents efforts de la force n'étaient que des enlacements et des déliements de la grâce, une lutte où le lutin apportait dans l'élégante et ondulante montre des développements musculaires, ce que les peintres cherchent à mettre dans leurs tableaux, quand ils peignent la bataille physique d'êtres surnaturels avec des hommes.

Le lutin était définitivement jeté à terre, et y demeurait tout étonné, et dans une de ces humiliations qui font du vaincu un esclave du vainqueur. Alors Gianni détachait à son tour son violon, et en tirait des sons charmeurs doux et tendres, et dans lesquels filtrait la bonté d'une âme humaine aux heures de clémence et de pardon. Et, à mesure qu'il jouait, le lutin se redressant peu à peu, s'approchait de la musique avec un ravissement descendant ostensiblement au fond de tous ses membres.

Tout à coup le lutin se relevait, et, ainsi que sous la puissance d'un exorcisme qui rejette violemment d'un possédé l'esprit infernal, on voyait ce corps, sans toutefois qu'il y eût rien de laid ni de repoussant dans le spectacle, se tordre, se contourner, se déformer. Il lui venait des gonflements, des dépressions défendues à une anatomie humaine et pleines de terreur. Il se faisait, en cette chair au repos, des creusements de reins, des saillies d'omoplates étranges; la colonne vertébrale comme passée du dos sur le devant de la poitrine se bombait en un jabot d'échassier d'une planète inconnue, et il y avait dans les membres du lutin comme ces soudains courants de vie musculaire, qui emplissent à un moment la peau flasque des serpents. Pour tous les yeux, il était visible que le voletage sans ailes, le rampement, le larveux, des animaux de malédiction et légendes fabuleuses : la *bête* s'en allait et sortait chassée de l'intérieur du lutin, qui à la fin, dans une rapide succession de poses plastiques, montrait sur sa gracieuse académie déliée et délivrée, l'harmonie et la gloire des beaux mouvements et des beaux gestes humains de l'humanité des statues antiques.

Et prenant son violon, au moment où le gaz reflambant annonçait au public que les visions et les rêves troubles de la nuit étaient finis, et que le jour était revenu, le lutin sur son instrument, où l'aigre enchantement avait cessé, jouait avec Gianni un morceau qui semblait la murmurante symphonie d'un frais matin d'été, et comme au milieu d'un sourcillement chantant de sources à travers de vieilles racines d'arbres, le bavardage, en sourdine, des fleurettes mouillées de rosée avec le rayon de soleil qui la boit sur leurs lèvres humides.

XXXIX

Les deux fils de Tommaso Bescapé et de Stépanida Roudak étaient des Français, tout à fait des Français. Ils en avaient le tempérament, les habitudes d'esprit, le patriotisme même. De leurs origines étrangères, de leur ascendance bohémienne, ils n'avaient gardé qu'une particularité curieuse à noter. Dans les nations civilisées, la rêverie poétique, ce don et cette faculté d'idéalité amoureuse et tendre, cet *humus* diffus et flottant dans les cervelles fluides des littératures, la rêverie poétique n'existe qu'en haut, et, sauf de très rares exceptions, est le lot et le privilège absolus des classes supérieures et éduquées.

Les deux frères, eux, tout illettrés qu'ils étaient, avaient hérité de la nature rêveuse, contemplative, et je dirai, littéraire des classes inférieures des populations demeurées encore sauvages et incultes au milieu de cette Europe, maintenant si riche en maîtres d'école; et de fréquentes fois, s'envolaient de ces deux hommes du peuple, ces lyriques recueillements de l'âme, avec lesquels le plus misérable et le plus ignare tsigane fabrique les variations, que son violon joue aux cimes des arbres, aux étoiles de la nuit, aux matins d'argent, aux midis d'or.

Tous deux ouverts à ce langage magnétique des choses de la nature, qui, pendant la nuit et le jour, parlent, muettement, aux organisations raffinées, aux intelligences d'élection, étaient cependant tout différents.

Chez l'aîné les dispositions *réflectives* et les tendances songeuses de son être surexcité par une singulière activité cérébrale, appartenaient tout entières dans sa profession de la force et de l'adresse physique, à l'invention abstraite de conceptions gymnastiques presque toujours irréalisables, à la création de rêves clownesques impossibles à mettre en pratique, à l'enfantement d'espèces de miracles demandés aux muscles et aux nerfs d'un corps. Du reste, même dans la pratique matérielle de ce qu'il exécutait, Gianni donnait une large part à la réflexion et à l'action de la cervelle ; et son axiome favori était : que, pour *poncer* un exercice, il fallait un quart d'heure de travail et trois quarts d'heure de méditation.

Le plus jeune, resté avec bonheur un ignorant, et dont toute la première instruction n'avait guère été faite que par la causerie bavarde, et à bâtons rompus, du père pendant la montée au pas des côtes, et plus paresseux d'esprit que Gianni, et avec un balancement plus grand de la pensée dans le bleu : en un mot plus bohémien de la lande et de la clairière, — et par cela plus poète, — vivait dans une sorte de rêvasserie heureuse, souriante, pour ainsi dire, sensuelle, et d'où tout à coup jaillissaient des imaginations moqueuses, des fusées d'une gaieté attendrie, des excentricités folles. Et ces qualités faisaient tout naturellement de Nello, l'arrangeur, le trouveur de jolis détails le pareur, le *fioritureur* de ce qu'inventait de *faisable* son frère.

XL

Entre les deux frères et les gymnastes et les écuyers du Cirque, s'étaient vite noués des relations amicales, des rapports de chaude et excellente camaraderie. En ces professions, le danger mortel des exercices fait taire les jalousies ordinaires du monde des autres théâtres, des théâtres lyriques surtout; il unit, ce danger, tous ces artistes exposés, tous les soirs, à se tuer, dans une sorte de fraternité militaire, dans presque l'affectueux compagnonnage coude à coude des soldats en campagne. Il faut dire aussi que ce qui aurait pu rester, chez quelques-uns, des envies et des instincts haineux de la vie de saltimbanque, de leur passé de misère, s'est humanisé dans l'aisance, la considération, la petite gloire de leur existence actuelle.

Du reste, les deux frères étaient faits pour plaire au personnel du Cirque. L'aîné avait de sérieuses qualités de franc et dévoué camarade, et cela, avec sur sa figure grave, un bon et doux sourire en éclairant la gravité un peu triste. Le plus jeune, lui, avait fait tout de suite la conquête de tous, par son entrain en société, ses badinages gamins, un rien même de taquinerie qu'il savait rendre caressante, et par le remuement, et par l'animation, et par le bruit qu'il jetait dans l'ennui, *l'embêtement* de certains jours, et par la séduction indéfinissable d'un joli, plaisant et vivant être au milieu d'individus soucieux, et par ce charme, dérideur des fronts, que secouait et répandait autour de lui, depuis son enfance.

XLI

Passionnés qu'ils étaient l'un et l'autre de leur métier, les deux frères aimaient leurs soirées du Cirque, du Cirque d'été surtout. Tous deux se trouvaient bien dans la grande écurie à la boiserie de chêne, à la ferronnerie à jour, aux *box* surmontées de grosses pommes de pin en cuivre, à la légère et métallique architecture reflétée par le gaz des lustres dorés dans les deux hautes glaces des fonds, — et semblant se prolonger à l'infini : — dans cette écurie toute strépitante du bruit des chaînettes de ses soixante chevaux, toute pleine, sous le remuement des couvertures quadrillées de brun et de jaune, des fiers éclairs de leurs yeux. Le fouillis même, dans les recoins, des choses familières et amies, des grandes échelles peintes en blanc, des X pour la danse de corde, des oriflammes, des banderoles, des cerceaux en papier frisé, de la petite voiture rouge servant à ramener le quadrupède trottant sur deux pieds, du traîneau en forme de sauterelle, de tous les accessoires multiples des spectacles divers, entrevus par les portes des magasins mal fermés, dans leur nuit et leur miroitement kaleidoscopique, amusait leurs yeux, qui avaient plaisir à les revoir tous les soirs, avec la grande auge en pierre, au *pschit* scandé de sa goutte d'eau, et avec l'horloge à l'heure dormante dans sa boîte de bois, au-dessus de la porte.

Puis parmi les coups de sabots et les hennissements, les deux frères trouvaient en ce lieu, la vie, l'animation, la distraction d'une coulisse de théâtre. Ici, sous le petit cadre noir sans verre, contenant écrit, sur une feuille de papier à lettre, le programme de la représentation, la main appuyée sur la barrière de l'écurie et tenant contre son dos un *stick*, un *gentleman reader* penché au-dessus d'un groupe de femmes empaquetées et le cou entouré de cache-nez de soie bleus éparpillés sur leurs épaules, causait anglais avec elles. Là jouaient deux petites filles échevelées, aux cheveux attachés en haut de la tête par des floquets de rubans cerise, et dont les paletots en forme de robes juives, lorsqu'ils s'entre-bâillaient, laissaient voir des morceaux de maillot. A côté, un homme en gilet rouge donnait un coup de pinceau au sabot d'un cheval. Au fond, quatre ou cinq clowns réunis en rond, et sérieux comme des morts, s'amusaient, en se saluant, à se coiffer la tête l'un de l'autre, d'un chapeau noir qui faisait ainsi, en y posant une seconde, le tour des perruques de chiendent, cela par un petit mouvement sec et détaché du cou de chacun. Un peu plus loin une vieille femme, une contemporaine de Franconi père, faisait sa petite visite de

chaque soir aux chevaux, parlant à tous, en
les flattant de sa main parcheminée, pendant
qu'à côté d'elle, un gymnaste minuscule de
cinq ans mordait une orange qu'on lui avait
jetée. Dans le rentrant d'un corridor intérieur, une écuyère, au sortir de son *travail*,
s'enveloppait d'un manteau écossais, en en-
fournant ses souliers de satin blanc dans des
babouches turques, tandis que dans l'autre
rentrant, parmi de jeunes écuyers au col cassé
et à la raie au milieu de cheveux frisottés,
l'écuyer paillasse à la perruque rousse, au nez
colorié en rouge, broyait de l'allemand avec
de maigres hommes d'écurie, aux figures
sculptées dans du buis, aux yeux inco-
lores comme de l'eau. Enfin tout près de la
grande baie, et contre le rideau que traversaient, par moments, les applaudissements du
public, on mettait sur des chiens en selle des
singes aux oreilles desquelles étaient attachés des tricornes de gendarmes.

C'étaient et ce sont sur ces tableaux rapides,

sur ces continuels déplacements de gens éclaboussés de gaz, ce sont en ce royaume du clinquant, de l'oripeau, de la peinturlure des visages, de charmants et de bizarres jeux de lumière. Il court, par instants, sur la chemise ruchée d'un équilibriste, un ruissellement de paillettes qui en fait un linge d'artifice. Une jambe, dans certains maillots de soie, vous apparaît en ses saillies et ses rentrants avec les blancheurs et les violacements du rose d'une rose frappée de soleil d'un seul côté. Dans le visage d'un clown entouré de clarté, l'enfarinement met la netteté, la régularité et le découpage presque cassant d'un visage de pierre.

Et à tout moment, coupant les groupes, les dialogues, les préparations de tours, les conversations amoureuses et hippiques, la sortie ou la rentrée impétueuse d'un cheval, la crinière au vent. Et toujours, et sans que cela s'arrête une minute, dans ce couloir où se tient le personnel du Cirque, dans ce *vomitoire* par lequel s'écoule et se répand dans l'arène, tout ce que le théâtre équestre et clownesque contient dans ses magasins et ses reserres, le passage et le repassage des praticables et des immenses parquets jouant la surface glacée d'un lac, des chars, des voitures, des mobiliers de pantomimes, des cages d'animaux féroces, des envolées de clowns, des cabrioles d'écuyères applaudies, des ours balourds à la marche pleine de roulis, des cerfs effarés, des ânes terribles, des troupeaux de caniches frétillants de la queue, des kanguroos sautillants, des bandes de quadrumanes grimaçants, des duos de jeunes éléphants joueurs: de toute l'animalité associée aux exercices de l'adresse humaine.

XLII

Dans cette écurie, dans ces coulisses du Cirque, Nello éprouvait une sensation particulière.

Après qu'il s'était fait avec du blanc un visage de statue, dans lequel ne demeurait de vivant que l'animation de l'œil entre des paupières rougies comme par la gelée, quand il était coiffé de sa perruque pyramidale, quand il avait sur le dos ces costumes qu'il imaginait lui-même, et sur la soie tendre desquels il aimait à faire appliquer, avec des reliefs trompeurs, une colossale araignée, une chouette aux yeux d'or, des volées de petites-chauves-souris glabres, et encore des bêtes de la Nuit et du Rêve, qui n'étaient sur l'étoffe qu'une ombre noire et une silhouette macabre ; alors, — et pour peu que la grande glace de l'écurie eût renvoyé deux ou trois fois au jeune homme, son autre lui-même du soir, — alors une vie nouvelle, une vie différente de celle du matin, une vie fantasque se mettait, pour ainsi dire, à couler dans ses veines. Oh! cela n'allait pas pour le clown à avoir le sentiment d'une métamorphose, d'une transformation en un homme-statue du pays sublunaire dont il portait la livrée, non ! mais toutefois il se passait au dedans de Nello de petits phénomènes anormaux. Ainsi dans le clown enfariné et habillé de visions, il se faisait aussitôt en son individu, un sérieux qui même dans une de ses farces, s'il en faisait une, donnait à cette farce un caractère rêveur, et qui était comme de la gaieté tout à coup suspendue, arrêtée par quelque chose d'inconnu. Sa voix n'avait pas absolument le même son qu'elle avait dans la vie ordinaire;

elle était un rien timbrée de la note grave qu'a, en un parler lent, la voix des émotions humaines. Enfin ses gestes, il y descendait, sans que Nello le voulût, du funambulesque, et dans ces instants où il n'était pas en scène, et même pour les actions les plus ordinaires, il sentait ses membres se contourner en des arabesques excentriques. Bien plus, tout seul, il était poussé à des gestes de somnambule et d'halluciné, et que les physiologistes appellent des *mouvements symboliques*, gestes dont il n'avait pas l'absolue volonté. Il se surprenait à faire jouer sur le mur éclairé par un quinquet d'un corridor vide, l'ombre chinoise des doigts de sa main contractée, s'amusant longtemps de leur danse crochue sur la muraille : et cela sans but, pour se faire plaisir à lui tout seul, et comme si son corps obéissait à l'impulsion de courants magnétiques biscornus et de forces capricantes de la nature.

Puis peu à peu, en un état à la fois vague et exalté, et comme au milieu d'un léger effacement autour de lui de la réalité et d'une espèce d'endormement de sa pensée du jour, dans sa tête, semblable à cette tête vide où l'on voit une cuiller retirer une à une les idées, le clown arrivait à n'avoir plus que le reflet de sa blanche figure renvoyée par les glaces, les images des monstres que rencontraient ses yeux sur son habit, et encore, le murmure resté dans ses oreilles de la musique diabolique de son violon.

Et cet état indéfinissable aux sensations fugaces et hétérogènes, avait une grande douceur pour Nello qui, aux côtés de son frère, toujours la tête baissée, et toujours tourmentant le sol d'un bout de bois, restait lui, les bras croisées, la tête au mur, les traits dans une sorte de dilatation extatique, avec un pâle sourire de pierrot sur sa blanche figure, et immobile, et semblant demander qu'on n'interrompît pas le doux et riant et bizarre mensonge de son existence au Cirque.

XLIII

« Non, c'est pas la chose à faire... attends..
voilà... quand tu en seras là, je te releverai
d'un coup de pied dans le cul... tu vois l'effet
d'ici... ce sera merveilleux. »

Ainsi un clown cherchait, méditativement,
le dénoûment original d'un exercice nouveau qui devait être exécuté par lui et son associé.

Après cette phrase, le parleur tombait dans
un mutisme profond. Et son camarade et lui
restaient silencieux, absorbés, ensevelis dans
leurs pensées, qu'ils secouaient, tour à tour,
par de frénétiques grattements de leurs deux
têtes, au-dessus des chopes vides.

Tous deux étaient dans le petit café, où se réunissent les artistes après la sortie du Cirque : un café sans caractère, aux panneaux blancs, aux minces dorures, aux glaces étroites des cafés du boulevard du Temple. En un renfoncement de fenêtre, il y avait des moutardiers, des boîtes de sardines, une petite terrine de foie gras de charcutier, un fromage à la crème, du fromage de Gruyère, du fromage de Roquefort, et sur la tablette supérieure des saladiers à punch au milieu d'un amoncellement de citrons. Dans l'intérieur, allait et venait un gentil petit sommelier en herbe, une veste de velours grenat au dos, un grand tablier à bavette bleu sur le ventre, et dont la serviette passée dans le cordon de son tablier lui retombait par derrière comme un pagne blanc.

Bientôt, poussant la porte, entraient successivement tous les clowns, marchant sous leurs habits bourgeois, à pas lentement glissés, avec cet avancement de tout un côté du corps sur la jambe portée en avant, et avec leurs mains ballantes et ouvertes devant les cuisses. Nello fermait la marche, élevant chacun de ses pieds à la hauteur de son œil et les rabattant avec un mouvement impératif de la paume de sa main tendue, — léger, volant et blagueur.

Deux des clowns anglais prenaient le petit escalier du billard, deux autres près desquels venaient s'asseoir Nello et Gianni, demandaient un jeu de dominos.

Un vieux clown sans nationalité, grand, sec, osseux, ramassait sur les tables tous les journaux et allait s'asseoir au fond et loin des autres.

Entre les deux Anglais commençait une partie de dominos, où il n'y avait que le bruit agaçant de l'os sur le marbre, et sans une parole, et sans une plaisanterie, et sans un rire, et sans rien qui mît autour du jeu, la vie du jeu : une partie qui semblait jouée par des mimes impassibles.

Gianni regardait les ronds de sa pipe monter en s'élargissant au plafond, et Nello qui avait commencé à donner en riant des conseils à son voisin pour le faire perdre, repoussé du jeu par d'amicaux coups de poing, fumait des cigarettes, les yeux sur les images d'une *Illustration*.

Entre ces tables voisinantes, toutes remplies de gens qui se connaissaient, de clowns, d'écuyers, de gens du *travail par terre* et du *travail en l'air*, il n'y avait pas une conversation, ni même dans un coin un aparté.

Ces hommes, ces gymnastes, et surtout les clowns, ces amuseurs de public avec la bouffonnerie de leurs corps, étalent, eux aussi, la tristesse des acteurs comiques. Et ils ont plus qu'eux, qu'ils soient anglais ou français, une taciturnité particulière. Est-ce la fatigue des exercices, est-ce le mortel danger quotidien au milieu duquel ils vivent, qui les fait tristes et muets de la sorte? Non, il est une autre cause. Quand ces hommes sont sortis de la fièvre de leur travail, quand ils se reposent, quand ils réfléchissent, il vient à tout moment à leurs réflexions, l'appréhension que cette force adroite dont ils vivent, peut être tout à coup supprimée par une maladie, un rhumatisme, un rien de dérangé dans la machine physique. Et ils pensent encore et souvent — c'est leur idée fixe — que cette jeunesse de leurs nerfs et de leurs muscles aura un terme, et que, bien longtemps avant qu'ils ne meurent, la profession exercée par eux, leur corps vieilli se refusera à la remplir. Puis enfin, il y a parmi eux, et ils sont nombreux, les *démolis*, ceux qui ont fait dans leur carrière, deux ou trois chutes, des chutes parmi lesquelles il y en a eu peut-être une, qui les a tenus au lit onze mois; alors, ces hommes sous l'apparence complète du rétablissement, demeurent selon leur expression « des démolis » et ont besoin maintenant pour l'accomplissement de leurs tours, d'un effort qui les tue et les rend tout chagrins.

En ce moment, entrait dans le café, un

clown, engagé comme *singe* dans une pièce féerique du Boulevard, qui, tirant de sa poche de petits cornets roses, en donnait à chacun de ses confrères, leur annonçant avec un air heureux et un peu fier, qu'il avait été parrain le matin; puis il venait s'asseoir auprès de Gianni, auquel il disait :

— « Et où en sommes-nous? »

— « Où j'en suis? reprenait Gianni, mais toujours à la *suspension horizontale en avant*... C'est une plaisanterie la *suspension horizontale en arrière*... vous avez, pour soutenir le bras dans ce mouvement, le bourrelet que font le sur-épineux et le sous-épineux, tu sais, ces muscles-là... tandis que, quand ça se passe en avant la suspension... rien du tout, mais rien du tout pour vous retenir le bras que le vide, mon cher... Maintenant, voilà déjà pas mal de mois que j'y travaille... et je suis un peu effrayé de tous les mois qu'il faudra encore pour y arriver... Il y a tant de choses comme cela dans notre métier, qu'à un moment, nous sommes obligés de lâcher, devant le temps que ça nous demande encore... et devant le peu d'effet que cela produira en public... Ah! il va falloir passer à un autre. »

Et Gianni se taisait dans le silence de tous.

La partie de dominos était au moment de finir, et le grand clown osseux, le lecteur de tous les journaux, avait posé sur le lit des feuilles publiques, sa tête dans une de ces poses recueillies et songeuses qui l'avait fait surnommer par ses camarades *le Penseur*.

Tout à coup, se soulevant un peu, comme sous une inspiration spontanée, et que n'avait amenée aucune allusion des autres clowns, le *Penseur* prononçait lentement :

« Oh, misérables, bien misérables, tout à fait misérables, messieurs, nos cirques d'Europe !... Parlez-moi des cirques de l'Amérique... du *Cirque flottant* établi sur le Mississipi avec un amphithéâtre pouvant contenir dix mille personnes, et une écurie pour cent chevaux, et des dortoirs pour les artistes, les domestiques, l'équipage... et toujours précédé de son *Oiseau de Paradis*, un petit bateau à vapeur portant *l'agent d'avertissement*, chargé de préparer la nourriture des chevaux, les places d'abordage, les estacades, les portiques d'entrée... et de poser les affiches quinze jours d'avance... Et que dites-vous du *Cirque ambulant* de « la Grande Foire ambulante »…. de ce cirque avec ses douze charriots dorés, ses temples aux Muses, à Junon, à Hercule, avec ses trois orchestres, avec son orgue à vapeur... oui, messieurs, son orgue à vapeur... enfin, avec sa parade qui se développe dans chaque ville sur une longueur de trois kilomètres... pendant que sur les charriots, des gymnastes mécaniques et des gymnastes vivants, exécutent les exercices les plus difficiles... Oh, misérables, bien misérables, tout à fait misérables nos cirques d'Europe ! » répétait *le Penseur*, en prenant la porte, et jetant la fin de sa phrase du Boulevard.

XLIV

Son tour, ce tour cherché par Gianni, dès sa plus tendre jeunesse, et qui devait inscrire dans les modernes fastes Olympiques, le nom des deux frères à côté du nom de Léotard, le roi du trapèze, du nom de Leroi, l'homme à la boule, Gianni le cherchait avec les contentions de cervelle d'un mathématicien à la recherche d'un problème, d'un chimiste à la recherche d'une matière colorante, d'un musicien à la recherche d'une mélodie, d'un mécanicien à la recherche d'une invention dans le fer, le bois ou la pierre. Il avait de ces hommes à la pensée fixe, les distractions, les absorptions, les absences de la réalité, et dans la promenade des rues, ces inconscientes échappées de paroles à voix haute, qui, sur les trottoirs, font retourner les passants sur les talons d'un monsieur qui s'éloigne, les mains derrière lui, la tête baissée, le dos rond. .

En sa vie toute cérébrale n'existait plus la notion du temps, n'existait plus la perception du froid, du chaud, de toutes les petites et tenues impressions produites sur un corps éveillé par les choses extérieures et les milieux ambiants. L'existence animale, ses actes, ses fonctions, semblaient s'accomplir chez lui, comme par la continuation d'une mécanique remontée pour quelque temps, et sans qu'il y eut en rien une participation de son individu. Les mots qu'on lui disait, il était long à les entendre, comme s'ils lui arrivaient à voix basse de loin, de bien loin, ou plutôt comme s'il était sorti de son être, et qu'il lui fallût pour répondre, le temps d'y rentrer. Et il demeurait des jours au milieu des autres, et même parmi ses camarades, ainsi perdu, enfoncé, noyé dans le vague, les yeux à demi fermés, clignotants, et avec quelquefois dans les oreilles cet imperceptible bruissement de mer, que gardent éternellement sur une commode, les grands coquillages de l'Océan.

Le cerveau de Gianni, toujours travaillant, était en quête dans l'ordre des choses réputées impossibles d'une petite *machine*, que lui ferait praticable! d'un petit renversement des lois de la nature que, lui, l'humble clown, obtiendrait le premier dans le doute et l'étonnement de tous! Et l'impossibilité de ce qu'il ambitionnait de tenter, il la demandait grande, presque surhumaine, méprisant *l'infaisable* ordinaire, commun, bas, dédaignant les exercices, où pour l'équilibriste et le gymnaste qu'il était, le *summum* de l'équilibre ou de l'adresse lui paraissait atteint; et au milieu du travail imaginatif de sa tête, détournant les yeux, avec une brusquerie hautaine, des chaises, des boules, des trapèzes.

Bien des fois, les ambitions de Gianni s'étaient persuadées toucher à leur but, bien des fois il avait cru entrevoir la réalisation de l'idée soudainement germante, bien des fois il avait eu la courte joie de la trouvaille et cette bonne fièvre qui en est la compagne, mais au saut du lit, mais à la première tentative de la mise à exécution, il avait dû y renoncer, devant un obstacle non prévu, devant la rencontre d'une difficulté échappée à la chaude, hâtive et illusionnante conception d'une création, difficulté qui la rejetait tout d'un coup dans le néant, dans la fosse commune de tant d'autres beaux projets, sitôt nés, sitôt morts.

Plus souvent peut-être encore, après des essais cachés, une série de remaniements, une succession de perfectionnements qui amenaient l'invention tout au bord de la réussite, lorsque Gianni, qui avait jusqu'alors gardé le secret par une sorte de coquetterie, était déjà au plaisir de conter sa découverte, de la détailler à Nello, et lorsque parmi l'arrangement des dernières combinaisons, ainsi qu'un auteur finissant une pièce entrevoit le public de sa première, il voyait le Cirque tout plein, applaudissant la force extraordinaire de son tour... un de ces riens, un de ces infiniment petits, le grain de sable inconnu qui empêche de marcher les rouages neufs de toute une usine, l'obligeait de renoncer à la réalisation de ce rêve caressé depuis des semaines, et qui n'était encore qu'un rêve et le mensonge d'une nuit trompeuse.

Alors Gianni tombait, pendant plusieurs jours, dans la tristesse profonde et mortelle des inventeurs qui viennent d'enterrer une invention en l'enfantement amoureux de laquelle ils ont vécu des années : tristesse que n'avait pas besoin de confier Gianni à Nello pour que le jeune frère en connût la cause.

XLV

Les deux frères s'étaient logés rue des Acacias, aux Ternes, dans cette extrémité pauvre de Paris qui se perd et se confond avec la campagne de la banlieue. Ils avaient repris le bail d'un menuisier prêt à faire faillite. Ce menuisier occupait un petit corps de logis, composé au rez-de-chaussée d'une cuisine et d'une pièce de débarras, au premier de deux chambres et d'un cabinet; dans sa location était également compris un grand baraquement en planches qui lui servait d'atelier et dont les clowns avaient fait un gymnase. La cour, séparée de la rue par une haute palissade à claire-voie qui joignait les deux bâtiments, était commune aux deux frères et à un treillageur qui, la plupart du temps, travaillait en plein air, mais dont le magasin en même temps que le lit étaient dans le grenier du baraquement. Ce treillageur, un vieux bonhomme, aux yeux glauquement tristes d'un crapaud mélancolique, et qui n'était pour ainsi dire qu'un buste sans jambes, faisait dans son état œuvre d'artiste, retrouvant et refaçonnant les architectures aériennes du dix-huitième siècle. Et le vieil et le tors ouvrier des Ternes montrait aux passants de la rue, exposé au milieu de la cour comme un échantillon de son faire, un admirable petit temple vert, à la corniche, aux pilastres, aux chapiteaux à jour, une merveille de découpure qui portait sur son fronton.

Lamour treillageur dans le genre ancien.

Pavillon de musique exécuté d'après les modèles les plus célèbres et notamment d'après

la Salle des Fraicheurs *du Petit-Trianon.
Très bel ouvrage de treillage propre à faire
l'ornement d'un parc moderne : à céder au
prix coûtant.*

Le terrain, très irrégulier et très mouvementé, contenait encore, dans des maisonnettes enfouies dans des recoins, des industries baroques; et tout au fond, et avec la délimitation presque effacée d'une petite haie fourragée, tout le jour, par des bandes d'oies, s'élevait une vacherie où, au dessus de l'étable, sous une fenêtre à rideaux blancs, on lisait :

Chambre à louer pour malade.

Le treillageur enchanté de n'avoir aucune difficulté avec les nouveaux locataires à propos de son temple qui prenait presque tout entière la petite cour commune, vivait en bon ménage avec les deux clowns, et l'été venu, leur donnait la permision de se faire dans son pavillon une espèce de rideau avec de la verdure pour y jouer du violon, à l'abri des regards de la rue. Lui-même allait chez un horticulteur du voisinage ramasser dans le coin d'une fosse de rebut, une admirable collection de ces plantes vivaces aux riantes et grandes fleurs, de ces malheureuses roses trémières aujourd'hui méprisées, mais que l'on retrouve si joliment mariées aux treillages des jardins dans les gouaches du siècle dernier.

Là donc, l'été, l'automne, par les beaux jours bleus, dans ce pavillon, où, au travers du toit et des murs passaient, avec des coups de soleil des vols de moineaux, et derrière la colonnade fleurie de mauve, de jaune, de rose, les deux frères jouaient du violon. Mais vraiment, ils causaient plutôt qu'ils ne jouaient avec leurs violons; et c'était entre eux comme une conversation où deux âmes se parleraient. Toutes les impressions fugitives et diverses et multiples de l'heure et du moment, jetant dans l'intérieur d'une créature humaine ces successions de lu-

mières et d'ombres que met dans des vagues,
l'alternative de soleils rayonnants ou de
nuages au ciel, ces impressions, les deux frères
se les disaient avec des sons. Et il y avait
dans cette causerie à bâtons rompus, et pendant que tour à tour se taisait l'un des violons, des rêveries de l'aîné sur des rhythmes
mollement assoupis, et des ironies du plus
jeune sur des rhythmes gouailleurs et strépitants. Et se succédaient, échappés à l'un et à
l'autre, de vagues amertumes qui s'exprimaient par un jeu aux lenteurs plaintives, du
rire qui sonnait dans une fusée de notes stridentes, des impatiences qui éclataient en fracas coléreux, de la tendresse qui était comme
un murmure d'eau sur de la mousse, et du
verbiage qui jasait en fioritures exubérantes.
Puis, au bout d'une heure de ce dialogue *musicant*, les deux fils de Stépanida, tout à coup
pris de la *virtuosité bohémienne*, se mettaient
à jouer, tous les deux à la fois, avec une verve,
un *brio*, un mordant, remplissant l'air de la

cour d'une musique sonore et nerveuse qui faisait taire le marteau du treillageur, et sur laquelle se penchait, avec des larmes souriantes, le cave visage de la poitrinaire habitant la chambre au-dessus de l'étable.

XLVI

Gianni, un liseur de livres dans les boîtes des quais, et que l'on voyait, à l'étonnement de ses camarades, souvent arriver au Cirque, un bouquin sous le bras, descendait parfois dans le pavillon de musique un vieux volume : un gros in-quarto, relié en parchemin, aux coins écornés, aux armoiries lacérées pendant la révolution, et où la main et le crayon d'un enfant de nos jours avaient mis des pipes à la bouche des personnages du seizième siècle. De ce livre portant sur son dos : TROIS DIALOGUES DE L'EXERCICE DE SAUTER ET DE VOLTIGER PAR ARCANGELO TUCCARO 1599, et apprenant que le Roi

Charles IX, *s'adonnoit à toute espèce de sauts et s'y montroit fort adextre et dispos*, Gianni lisait à son frère, en ses vieux caractères, des pages sur les sauteurs *pétauristes*, tirant leur nom grec du saut à demi-volant que les poules font, en rentrant pour se coucher, *dessus la perche de leur gélinier*, — sur la *saltarine* Empuse, qui au moyen de son agilité magique, semblait prendre toutes les formes et toutes les figures, — sur la *gaillarde jeunesse* que le noble art *saltatoire* demande à ses adeptes, — et encore des pages sur les sauts *Éphéristique, Orchestique, Cubistique* : ce dernier saut, que l'on regarda longtemps comme le résultat d'un marché diabolique.

Puis, tous deux se mettaient à étudier les figures en les lignes géométriques de la volte des corps dans l'air, et Gianni faisait exécuter à Nello, d'après les indications et les cercles concentriques du livre, avec une rigoureuse exactitude, *le glicement du demi-col*, et le *glicement couché*, et un tas de trucs archaïques : les deux frères s'amusant à remonter dans leur métier, et à l'exercer une heure, ainsi qu'il se pratiquait il y a plus de deux cents ans.

XLVII

Les deux frères ne s'aimaient pas seulement, ils tenaient l'un et l'autre par des liens mystérieux, des attaches psychiques, des atômes crochus de natures jumelles, et cela quoiqu'ils fussent d'âges très différents et de caractères diamétralement opposés. Leurs premiers mouvements instinctifs étaient identiquement les mêmes. Ils ressentaient des sympathies ou des antipathies pareillement soudaines, et allaient-ils quelque part, ils sortaient de l'endroit, ayant sur les gens qu'ils y avaient vus, une impression toute semblable. Non seulement les individus, mais encore les choses, avec le pourquoi irraisonné de leur charme ou de leur déplai-

sance, leur parlaient mêmement à tous les deux.
Enfin les idées, ces créations du cerveau dont
la naissance est d'une fantaisie si entière, et
qui vous étonnent souvent par le « on ne sait
comment » de leur venue, les idées d'ordinaire
si peu simultanées et si peu parallèles dans
les ménages de cœur entre homme et femme,
les idées naissaient communes aux deux frères,
qui, bien souvent, après un silence, se tournaient l'un vers l'autre pour se dire la même
chose, sans qu'ils trouvassent aucune expli-
cation au hasard singulier de la rencontre
dans deux bouches de deux phrases qui n'en
faisaient qu'une. Ainsi moralement agrafés
l'un à l'autre, les deux Bescapé étaient besoi-
gneux de la mêlée de leurs jours et de leurs
nuits, avaient peine à se séparer, éprouvaient
chacun, quand l'autre était absent, le sentiment bizarre, comment dire cela, le sentiment
de quelque chose de dépareillé, entrant tout
à coup dans une incomplète vie. Quand l'un
était sorti pour quelques heures, il semblait

que le frère sorti emportât la puissance d'attention du frère resté au logis, qui ne pouvait plus s'occuper à autre chose qu'à fumer jusqu'à son retour. Et encore, l'heure annoncée pour la rentrée se passait-elle, la cervelle de celui qui attendait se remplissait de malheurs, de catastrophes, d'accidents de voitures, d'écrasements de passants, de préoccupations stupidement sinistres qui le faisaient continuellement aller et venir du fond de sa chambre à la porte d'entrée de leur logement. Aussi ne se séparaient-ils que forcément, et l'un n'acceptait-il jamais un plaisir où l'autre devait manquer, et ne trouvaient-ils en remontant toutes les années de leur existence commune, qu'une seule fois vingt-quatre heures passées loin l'un de l'autre !

Mais aussi, il faut le dire, entre les deux frères le resserrement de la fraternité était fait par quelque chose de plus puissant encore. Leur *travail* se trouvait tant et si bien confondu, leurs exercices tellement mêlés l'un à l'autre, et ce qu'ils faisaient semblait si peu appartenir à aucun en particulier, que les bravos s'adressaient toujours à l'association, et qu'on ne séparait jamais le couple dans l'éloge ou le blâme. C'est ainsi que ces deux êtres étaient arrivés à n'avoir plus à eux deux, — fait presque unique dans les amitiés humaines, — à n'avoir plus qu'un amour-propre, qu'une vanité, qu'un orgueil, qu'on blessait ou qu'on caressait à la fois chez tous les deux.

Tous les jours, les habitants de la rue des Acacias voyaient sympathiquement, du pas de leurs portes, passer et repasser les deux frères, marchant côte à côte, le jeune frère un peu en arrière le matin, un peu en avant le soir à l'heure du dîner.

XLVIII

Les deux frères, toujours habillés de même, portaient de très petits chapeaux supérieurement brossés, des cravates longues à deux pattes attachées par une épingle en or représentant un fer de cheval, des vestons courts en forme des grands gilets de palfreniers, des pantalons couleur noisette, où se dessinait au milieu du genou la rotule dans quatre plis, des bottines à double semelle avec beaucoup de cuivre. Leur tenue ressemblait à la tenue des hommes d'écurie *chic* d'un Rothschild, avec quelque chose de correct, d'*anglaisé*, de sérieux, de placidement grave dans la contenance et de tout personnel aux clowns sous l'habit civil.

XLIX

De certains jours cependant, le fond gamin de Nello reperçait à travers sa gravité de commande, et du correct gentleman s'échappait quelque folâtrerie, accomplie du reste avec le sérieux d'un mystificateur anglais. Ainsi, après la représentation au Cirque, il arrivait, une fois par hasard, aux deux frères de revenir chez eux par l'omnibus des Ternes. Vous le connaissez, l'omnibus de onze heures du soir et l'omnibus de cette heure menant à une banlieue : de bonnes et naïves gens harassées et somnolentes dans le trouble de ténèbres sillonnées à tout moment d'éclairs de lumières, des gens aux sensations engourdies et obtuses, à la digestion quelquefois laborieuse, et que la secousse de la voiture, à la descente d'un voyageur, fait tressauter dans leur assoupissement, sans qu'ils soient ni complètement endormis ni absolument réveillés. Donc ces honnêtes gens avaient la perception vague, pendant tout le voyage, d'avoir à leurs côtés deux messieurs bien mis, d'une tenue parfaite, et ayant passé leurs six sous avec une suprême distinction, lorsqu'à l'angle de la rue des Acacias, dans le demi-réveil produit par l'arrêt brusque de l'omnibus, ils voyaient............ et, à ce qu'ils voyaient. les douze nez des voyageurs restants, tout à coup fantastiquement éclairés par les deux lanternes, s'allongeaient d'un mouvement commun, et comme un seul nez, vers la nuit de la rue des Acacias, dans laquelle s'enfonçait un dos imperturbable.

Nello arrivé sur le marchepied de l'omnibus avait fait le saut périlleux, et descendu de cette manière peu habituelle, s'éloignait sur ses pieds très verticalement et très bourgeoisement, laissant ses compagnons de voyage se demander longtemps des yeux, avec des regards inquiets et anxieux, s'ils étaient, tous les douze, victimes d'une hallucination.

L

— « Allons, mon grand, — disait un jour, avec une ironie tendre, Nello à son frère, — un peu de moral, sapristi!.. Oui, oui, je le sais bien... voilà encore un de tes enfants sur lequel il faut prononcer un *De Profundis*. »

— « Tu avais deviné que j'en avais trouvé un? »

— « Parbleu!.. mais, mon Gianni, tu es transparent comme un verre d'eau... tu ne te doutes donc pas, comment ça se passe chez toi..? Eh bien, voici... Il y a d'abord deux ou trois jours... cinq ou six quelquefois... où tu me réponds *oui* quand il faut répondre *non*, et réciproquement... Bon je dis : c'est sa crise d'invention qui le prend... puis un matin, tu fais des yeux tendres à ton déjeuner, avec l'air d'adresser des remercîments à tout ce que tu manges pour être si bon... et pendant un temps quelconque... tu ne trouves rien de cher... et toutes les femmes jolies... et le temps beau quand il pleut... tout cela avec des *oui* et des *non* pas bien à leur place encore...cet état dure en général de deux à trois semaines... Bref, tout à coup tu prends la figure que tu as aujourd'hui,... une figure d'éclipse de soleil... et quand je te vois ainsi... sans rien te dire, je me dis à moi-même : le tour de mon frère est mort!»

— « Vilain petit blagueur que tu fais... mais pourquoi ne m'aiderais-tu pas un peu... si tu cherchais de ton côté, hein? »

— Oh ! pour ça non !.. tout ce que tu trouveras, au risque de me casser le cou, je le ferai... mais trouver, c'est ton affaire... je me repose sur toi... je ne me sens pas mis du tout au monde pour me donner de la peine... à part les petites bêtises que je fourre dans nos clowneries, *nisco*... Je suis parfaitement satisfait.. et heureux de vivre comme nous vivons !... et je n'ai ni faim, ni soif d'immortalité, moi ! »

— « Au fond tu as raison,... et c'est moi l'égoïste ;... mais que veux-tu, on n'est pas maître de soi !.. il y a en mon individu une toquade, une maladie de trouver quelque chose qui fasse de nous des gens célèbres,... des gens dont on parle, entends-tu ? »

— « *Ainsi soit-il !* mais je te l'avoue, Gianni, si je faisais encore mes prières, je prierais tous les soirs et tous les matins pour que ce soit le plus tard possible. »

— « Voyons, mais tu en seras aussi fier que moi ! »

— « Certainement, oui que j'en serai fier.... mais après, ce sera peut-être idiot... et acheté plus cher que ça ne vaut ! »

LI

Les deux frères menaient une existence tranquille, rangée, unie, sobre, presque chaste. Ils vivaient sans maîtresses, et ne buvaient guère que de l'eau rougie. Leur plus grande distraction : c'était, tous les soirs, une petite promenade sur le Boulevard, pendant laquelle ils allaient auprès de toutes les colonnes, l'une après l'autre, lire sur chacune des affiches, leurs noms imprimés, — après quoi ils revenaient se coucher. La fatigue de leur emploi au Cirque, des exercices qu'ils faisaient tous les jours chez eux, pendant de longues heures, pour incessamment tenir leur corps dispos et en haleine, et pour que leurs *travails* ne devinssent pas *durs*, le souci constant de leur métier et de leur carrière de gymnaste, l'occupation perpétuelle de leurs cerveaux à la recherche d'une trouvaille dans leur partie, comprimaient, chez les deux jeunes hommes, les ardeurs de la chair et les tentations des excès d'une vie à demi laborieuse et non toute remplie de la courbature des corps et de la préoccupation des cervelles. Puis en eux se conservait la pure tradition italienne, celle qui mettait, il y a une vingtaine d'années, dans la bouche des derniers athlètes vivant sur le sol romain : que les hommes de leur état doivent s'astreindre à une *hygiène de prêtres*, et que la force ne se conserve dans toute sa plénitude et avec tous ses ressorts qu'au prix de la privation « de Bacchus et de Vénus », tradition venant en droite ligne des lutteurs et des artistes du muscle de l'antiquité.

Et si les théories et les préceptes parlaient avec peu d'autorité à la jeunesse de Nello, plus ardent et plus amoureux du plaisir que son aîné, le jeune frère gardait dans sa mémoire d'enfant, et avec l'impression profonde des choses qui s'y gravent pendant les tendres années, le spectacle du terrible et *intombable* Rabastens étendu sur les deux épaules par le meunier de la Bresse ; et ce spectacle revenant presque superstitieusement en Nello, avec le souvenir de la défaillance morale et physique de l'infortuné Alcide après cette défaite, l'avait sauvé de deux ou trois entraînements, au moment où il allait succomber.

LII

Tout joli qu'il était, Nello était aussi défendu des séductions que rencontrent à tout moment, parmi les créatures galantes, les hommes dont la profession consiste à montrer de belles académies dans des maillots, par l'amitié qui l'unissait à son frère. Les femmes quelles qu'elles soient, n'aiment pas les intimités d'hommes, elles entrent en défiance sur la quantité d'affection que l'un permettra à l'autre de leur apporter : leur amour, en un mot, et avec raison, prend peur des grandes amitiés masculines. Puis Nello avait encore contre lui ce bonheur, lorsqu'il se trouvait au milieu de femmes, de les inti-

mider, de les déconcerter par l'ironie rieuse
de sa figure, par un sourire qui était naturellement et involontairement moqueur, un
sourire qui, selon l'expression de l'une,
« avait l'air de se ficher du monde. » Enfin,
c'est très délicat à exprimer, et cela paraîtra
peu croyable, il y avait chez quelques amies
de ses amis, un rien de jalousie pour le caractère de sa beauté, pour ce qu'elle empruntait, pour ce qu'elle dérobait à la beauté de la
femme! Un soir, un des écuyers, un paradeur
de haute école aux cuisses splendides dans
une culotte de daim, et aimé pour le quart
d'heure par une très illustre femme entretenue, avait emmené souper Nello chez sa
maîtresse. Quand Nello fut parti, l'écuyer qui
avait une véritable affection pour son camarade, et qui avait remarqué le froid de l'amabilité de la dame du logis pendant le repas,
entonnait son éloge, auquel l'adorée répondait par le silence des femmes qui ne veulent
pas parler, et qui tracassent des objets qu'elles

ont sous la main, et cherchent des yeux des choses absentes. Il continuait, sans plus faire sortir la femme de son mutisme.... « Mais il est tout à fait charmant ce garçon ? » disait-il, en forme de point d'interrogation très accentué. La femme se taisait toujours, avec sur le front de ces idées sangrenues qui ne se décident pas à sortir, et avec toujours des regards perdus, et avec encore l'allée et la venue d'un petit pied bête.

— « Enfin, qu'est-ce que tu lui reproches ? » disait l'ami de Nello impatienté.

— « Il a une bouche de femme ! » laissait tomber la maîtresse de l'écuyer.

LIII

Cependant, parmi les femmes du Cirque, une écuyère paraissait regarder amoureusement Nello.

C'était une Américaine, et la première femme qui avait risqué le saut périlleux sur un cheval, une créature à sensation dont la célébrité dans le Nouveau Monde lui avait fait épouser un *gold digger* qui avait trouvé une pépite historique, un morceau d'or de la grosseur d'un tronc d'arbre. Très malheureuse dans les loisirs forcés, la respectabilité, le *kant* de son opulent mariage, — le mari mort deux ans après leur union, — elle s'était mise à courir les cirques de Londres, de Paris, de Vienne, de Berlin, de Saint-Pétersbourg qu'elle quittait le jour où elle se déplaisait, sans le moindre souci des dédits.

Riche à plusieurs millions, l'énergique et bizarre femme était traversée de fantaisies pareilles à celle de cette impure qui, saisie de la tentation soudaine d'aller en traîneau l'été, faisait sabler de sucre en poudre les allées d'un parc : des fantaisies ayant en leur caprice despotique, un brin de déraison, de folie, *d'insenséisme,* et comme prises de l'ambition de faire de l'impossible, du surhumain, des choses défendues par la nature et Dieu, et cela, avec la brutalité du vouloir de la race américaine arrivée à la possession de l'argent. C'est ainsi qu'à son arrivée en Europe, en un hôtel acheté à Vienne, elle avait voulu avoir « une machine à tempête » dans sa chambre à coucher, et que le mécanisme de cette tempête à domicile avec la roue à palette tournant dans l'eau, avec les petits et grands jeux de l'ouragan simple et du cyclone, avec l'adaptation au mécanisme de la lumière électrique: le tout imitant sur la facture, le mugissement des vagues, le roulement du tonnerre, les colères du vent, le sifflement fouettant de la pluie, et les zigzags sulfureux des éclairs, lui avait coûté 300,000 francs.

Mais la Tompkins avait été vite fatiguée des tracas de la tenue d'une grande maison, de la solitude qu'elle trouvait en un immense logis habité par elle toute seule, et maintenant qu'elle se trouvait à Paris, — sa machine à tempête remisée au Garde-Meuble, — elle vivait dans une chambre du Grand-Hôtel, payant la chambre au dessus et au dessous, pour avoir la permission d'attacher au plafond un trapèze, sur lequel souvent la fille de service la surprenait le matin, se balançant nue, en fumant des cigarettes.

Du reste en dehors de ses fantaisies ruineuses, cachées à tous, la vie de la Tompkins avait l'apparence la plus simple et la plus ordinaire. Elle mangeait à la table d'hôte de l'Hôtel ou dans quelque restaurant de second ordre près le Cirque. Sous un chapeau toujours le même, un chapeau Rubens, elle s'habillait communément d'étoffes de laine coupées en forme d'amazone, n'avait aucun goût de toilette de la Parisienne, et ne portait ni robes du grand couturier, ni dentelles, ni bijoux. Elle avait cependant des diamants : deux seules boucles d'oreilles, mais des boucles d'oreilles comme des bouchons de carafe, et quand les gens qui ne les croyaient pas fausses, lui disaient que ça avait dû lui coûter bien cher : « Oh yes ! — faisait-elle négligemment : — moi avoir à mes oreilles 111 francs de rente par jour. »

Elle vivait ne voyant personne, ne fréquentant pas ses compatriotes, ne parlant pas même aux gens du Cirque, ne se montrant jamais dans un bal d'actrices, n'apparaissant à aucun souper du Café Anglais ; et elle était toujours seule, et sans le bras d'un

homme. Le matin seulement, quand, de très
bonne heure, elle montait à cheval au Bois,
elle y était accompagnée par le duc Olaüs. Ce
bel et grand homme, connu de tout Paris, ce
prince d'une des premières familles du Nord,
et qui comptait parmi ses proches parentes,
une Reine et une Impératrice régnantes, était
un original grand seigneur, amoureux du cheval, et qui avait, un moment, tenu un cirque
dans son palais, où pendant longtemps, il avait
forcé sa femme, ses filles, ses domestiques,
à faire de la voltige : un prince dans l'ascendance duquel, en remontant un peu, on trouvait une grand'mère qui avait été écuyère. Le
duc éprouvait pour la Tompkins un tendre et
complexe sentiment, où se mêlaient à la fois et
s'attisaient l'une par l'autre l'adoration de la
femme et la passion du cheval. Mais il avait
dû s'en tenir à ce rôle d'écuyer cavalcadour
et d'agent d'affaires par occasion ; la Tompkins lui ayant déclaré qu'elle ne pouvait le
souffrir qu'à cheval, qu'autrement il était

stioupide, et puis qu'elle aimait à être toute seule, toujours, « avec ses diables bleus ».

Cette promenade du matin était vraiment tout le rapprochement qui existait entre le duc et l'étrange écuyère. Et les *reporters* et les biographes de journaux qui avaient été curieux de fouiller son passé en Europe et en Amérique, n'avaient pu découvrir la trace d'un scandale, d'une liaison, d'un amour, même d'une amourette.

Cette femme, on aurait dit qu'elle était le déchaînement de l'activité musculaire. Le matin, — la Tompkins était très matinale, — elle faisait du trapèze, en attendant que le concierge de l'Hôtel eût ouvert la porte, puis montait à cheval une ou deux heures, de là se rendait à sa répétition : — les répétitions de voltige ayant lieu avant midi. Rentrée à l'Hôtel, après son déjeuner, elle fumait des cigarettes en se raccrochant, à tout moment, au bâton du trapèze qu'elle ne laissait jamais revenir à l'immobilité. Alors elle remontait à cheval, battant la banlieue de Paris, sautant tout ce qu'elle rencontrait. Et le soir, c'était une curiosité de voir dans ce corps surmené toute la journée, la vigueur, l'élasticité, la fièvre trépidante, l'espèce d'enragement sourd qui l'animaient, et encore la furie intrépide avec laquelle l'inlassable femme se lançait dans le danger des exercices les plus difficiles, en poussant de petits cris gutturaux, faisant l'effet avec leurs voyelles rauques d'exclamations de Hurons.

Une clause de son traité avec le Cirque stipulait que ses exercices qui n'auraient lieu que tous les deux jours, devaient toujours terminer la première partie, en sorte, avait-elle dit, qu'elle pût être tous les soirs dans son lit, à dix heures et demie.

Le temps où elle n'avait pas d'engagement, et les jours où elle ne travaillait pas, un coupé de louage attendait l'écuyère devant le Grand-Hôtel à l'heure de la fin du dîner. Ce coupé la menait dans une rue des Champs-Élysées, en face d'un grand bâtiment, au toit en vitrage, et sur le fronton duquel on lisait en lettres effacées par la pluie : Manège Hauche-corne. Au roulement de la voiture à l'angle de la rue, une petite porte s'ouvrait dans la façade délabrée, et un homme introduisait la femme sitôt qu'elle était descendue. La Tompkins entrait dans le manège noir, vide, silencieux, et où seulement deux ou trois silhouettes d'individus, porteurs de lanternes sourdes, se voyaient penchés sur des pots de terre rouge. Au milieu du manège était étendu un tapis d'Orient, un vrai morceau de velours ras, montrant, ainsi que sur des miroitements de givre, des fleurs et des caractères persans du seizième siècle, tissés dans le clair et la tendresse de ces trois uniques tons : de l'argent, de l'or vert, du bleu lapis-lazuli. A côté se dressait une pile de coussins brodés. L'Américaine se couchait sur le tapis, démolissant les coussins, les attirant sous elle, en calant son dos et ses bras, cherchant longuement et presque voluptueusement un paresseux allongement ap-

puyé à de mollets accotoirs; puis la Tompkins
allumait une cigarette.

Au point de feu du papier brûlant dans
l'obscurité aux lèvres de la femme, comme si
un signal était donné, des flammes de bengale
s'élevaient de tous les pots de terre éclairant
une enceinte tendue des plus beaux cachemires de l'Inde; d'invisibles jets d'eau parfumés
répandaient dans l'air une poussière d'eau
irrisée du bleuâtre et du rougeâtre des flammes; et deux palfreniers amenaient l'un, un
cheval noir recouvert d'un harnachement
constellé de petits rubis, l'autre, un cheval
blanc au harnachement constellé de petites
émeraudes.

Le cheval noir, qui s'appelait *l'Erèbe*,
avait sur sa robe, le poli et la nuit d'un marbre sépulcral avec des naseaux de feu; le cheval
blanc, qui s'appelait *la Neige*, était semblable
à un flottement de soie au milieu duquel s'apercevaient des yeux humides. Les deux hommes
d'écurie menaient à la main les deux chevaux,

passant et repassant devant la femme, qu'ils effleuraient presque de leurs sabots.

Et immobile, et aspirant de distraites bouffées de tabac, en ce manège qu'on croyait à tous et qui était sien, à la vue de ces chevaux qu'elle ne montait jamais en public et qu'on promenait pendant le sommeil de Paris, au milieu de cette fête qu'elle se donnait à elle toute seule, la Tompkins savourait la jouissance royalement égoïste, le plaisir solitaire de la possession secrète de belles et uniques choses inconnues à tout le monde.

Les chevaux passaient du pas au trot, du trot au galop, les palfreniers les faisant caracoler, et faisant jouer les reflets luisants de leurs corps, les satinements de leurs croupes, les rubis et les émeraudes de leurs harnachements, parmi les arabesques des cachemires, les lueurs du feu d'artifice, les irrisations de l'imperceptible pluie colorée. La femme appelait de temps en temps à elle, *l'Erèbe* ou *la Neige*, et sans bouger, soulevant

la tête, tendait au cheval un morceau de sucre
à prendre entre ses dents, puis le baisait sur
les naseaux. Et elle continuait à regarder, en
fumant, les fougues et les ardeurs des deux
indomptables animaux dans l'éclairage fantastique.

A un moment, elle se levait, jetait le bout
de sa dernière cigarette.

Aussitôt les feux de Bengale s'éteignaient,
les jets d'eau s'arrêtaient, les châles de l'Inde,
rentraient dans les ténèbres, et la salle de
tout à l'heure devenait la misérable salle du
Manège Hauchecorne.

Un quart d'heure après, la femme aux boucles d'oreilles de huit cent mille francs, la
propriétaire de *l'Erèbe* et de *la Neige*, demandait au concierge de l'Hôtel la clef de sa
chambre, et se couchait sans l'aide d'aucune
femme.

Le lendemain, la Tompkins reprenait sa
vie aux allures modestes, seulement quand
le bruit se faisait dans les journaux d'un ta-

bleau ou d'un meuble d'art immensément cher, qu'il fût bon ou mauvais, exquis ou médiocre, elle arrivait en fiacre, tirait d'un portefeuille la somme demandée, et emportait le tableau ou le meuble sur la galerie de la voiture sans donner son nom. Et dans sa chambre démeublée de tout, excepté du lit, d'une table de nuit, de son trapèze, montaient contre les murs, hermétiquement clouées et superposées les unes sur les autres, des caisses de bois blanc renfermant emballés tous les achats de l'écuyère, sans plus que jamais elle les regardât.

La Tompkins avait encore un genre de dépenses à elle. En un coin quelconque de l'Europe, se produisait-il une convulsion de la nature, on se préparait-il un spectacle humain tragique ; elle se jetait dans un chemin de fer, et faisait et refaisait des centaines de lieues, quittant Paris pour aller voir une éruption de l'Etna, ainsi qu'elle avait plusieurs fois traversé et retraversé l'Europe, lorsqu'elle habitait Saint-Pétersbourg, afin de se donner, pendant une heure, pendant une seconde, la sensation atroce d'un *fight* à Londres, d'une exécution capitale place de la Roquette.

Mais si l'argent, tout l'argent imaginable ne coûtait rien à l'Américaine pour satisfaire un caprice, il lui coûtait encore bien moins pour se débarrasser de la plus minime contrariété, du plus petit agacement, du moindre pli de rose se mettant à la traverse de ses volontés, de ses goûts, de ses lubies. Et dans le premier moment de son exaspération contre l'individu ou l'objet contrariant, agaçant, gênant, déplaisant, et indistinctement pour l'un comme pour l'autre, elle avait un mot superbe, et bien de son pays, et où se révélait toute l'insolence de l'argent : « Moi l'acheter » disait-elle en son français nègre, dédaignant d'apprendre l'autre. Dans cet ordre de dépenses, où les gens riches sont d'ordinaire très regardants, la Tompkins était vraiment tout à fait excentrique ; elle avait des largeurs et des générosités singulières pour des achats qu'on ne comprendra guère. La Tompkins, qui n'était pas musicienne, achetait très cher un piano, dont l'annonce revenant tous les jours dans l'Entr'acte, lui portait sur les nerfs ; elle achetait encore un prix exhorbitant la démolition d'un kiosque faisant un effet *disgracious* dans le jardin de l'établissement de bains où elle avait l'habitude d'aller ; elle achetait en dernier lieu, au prix d'un billet de mille francs, du maître du restaurant près du Cirque, le renvoi d'un garçon, auquel elle reprochait — on ne sut jamais à propos de quoi, pas plus que le pourquoi du reproche — elle reprochait d'avoir l'air « d'un marchand de baromètres ».

Mais une anecdote qui donnera mieux que tout, l'idée de la grosse somme dont elle était prête à payer la délivrance de la plus petite gêne apportée à ses habitudes, c'est la scène qui venait tout récemment de se passer entre elle et son directeur. Un employé du Cirque sentant une odeur de tabac dans le corridor, poussa la porte de sa loge, et voyant l'écuyère fumer, couchée par terre, lui dit assez malhonnêtement qu'il était défendu de fumer et qu'elle eût à éteindre sa cigarette.

« Aoh! » — fit la Tompkins, continuant à fumer sans répondre.

Le directeur-gérant qui se trouvait là, fut averti, et montant à sa loge, avec la politesse due à un artiste de *great attraction*, et qui faisait de fort belles recettes, lui expliqua en phrases caressantes, qu'il y avait beaucoup de bois, de matières inflammables dans le bâtiment, et qu'une cigarette pouvait causer des pertes incalculables.

— « Et combien d'argent la perte de tout, monsieur? » dit l'écuyère en l'interrompant.

— « Mais, en cas d'incendie, madame, le Cirque est assuré pour un certain nombre de mille francs. »

— « Very well, very well... avoir n'est-ce pas, à Paris une caisse du Dépôt et...... »

— « Des Dépots et Consignations, vous voulez sans doute dire, madame. »

— « Oh yes, c'est cela.... et l'argent de la perte de tout... être demain à la caisse du... des ..... que vous avez dit.... vous tranquille..... moi continuer à fumer... bonjour, monsieur.»

La Tompkins avait un admirable corps ! une grandeur svelte, des formes élancées, des longueurs pleines, une chair serrée et résistante, une petite gorge drue de fillette attachée très haut, des bras ronds dont le jeu creusait aux omoplates des fossettes qui riaient à ses épaules, des mains et des pieds un peu grands, mais qui se terminaient avec les jolies arborescences des statues de Daphné changées en lauriers. Et il y avait dans ce corps un impétueux cours du sang, l'allée et la venue d'une chaude vie, et comme la santé exultante d'une génération neuve : une santé qui mettait autour de la Tompkins, quand elle sautait en sueur en bas de son cheval, une saine odeur de froment et de pain chaud.

A ce corps s'attachait par un cou fier, une tête aux traits réguliers, au petit nez droit et court, à la lèvre supérieure toute rapprochée du nez dans le sourire, mais une tête à laquelle des cheveux d'un blond ardent, des yeux gris qui avaient des lueurs d'acier, des clartés cruelles sous la transparence du teint, des lueurs pareilles à celles qui courent sur la face des lionnes en colère, donnaient une physionomie fauve, animale.

Les regards jetés par la Tompkins au clown, n'avaient ni coquetterie ni tendresse, ils se posaient presque durement sur lui, scrutant son anatomie avec un peu de l'attention marchande d'un œil d'eunuque noir achetant à un marché d'esclaves. Toutefois l'œil de la Tompkins tout le temps que Nello était dans le Cirque, fixait le jeune homme, pris, sans qu'il pût en donner une raison, d'une antipathie instinctive pour l'Américaine, et qui se reculait de ses œillades, en marchant sur les mains, et en faisant à son amoureuse, de ses jambes retournées au-dessus de la tête, d'acrobatiques pieds de nez.

LIV

Un matin, sous le treillage du pavillon de musique, le déjeuner des deux frères fini, Gianni dit à Nello, en bourrant sa pipe avec des lenteurs heureuses.

— « On l'a trouvé, frérot... et il est accroché pour de bon, cette fois ! »

— « Quoi donc ? »

— « Tu sais bien,... notre tour ! »

— « Ah fichtre... c'est ça qui ne va pas être réjouissant... d'autant plus que je m'en rapporte à toi... tu n'as pas dû nous découvrir une petite invention bien commode, hein ? »

— « Allons ne fais pas le méchant... au fait, tu sais, je loue le grenier du treillageur. »

Le treillageur qui venait d'hériter d'une petite maison avec des champs dans sa province, était parti depuis trois ou quatre semaines, chargeant Gianni de vendre son pavillon, s'il se présentait un acquéreur.

— « Et qu'est-ce que nous avons besoin de son grenier ? »

— « Je vais te dire... C'est que pour mon affaire, l'atelier du menuisier est trop bas... alors nous faisons démolir le plafond... et nous avons le bâtiment jusqu'au toit. »

— « Mais... est-ce que tu aurais, par hazard, la prétention de me faire sauter à pieds joints sur la tour Saint-Jacques ? »

— « Non... mais il faut sauter... et en hauteur quelque chose comme quatorze pieds. »

— « En hauteur, et perpendiculairement, je parie... mais on n'a jamais sauté cela depuis que le monde existe. »

— « Peut-être... mais c'est l'amusant... et avec un tremplin. »

— « Ah te voilà bien toi ! tu ne nous laisseras

jamais vivre, un petit moment, tranquilles. »

— « Voyons Nello... nous y mettrons le temps... ça n'est pas demain... et puis quand on veut bien... tu ne te souviens pas que le père disait que tu sauterais un jour... »

— « Enfin ça sera-t-il fini après... se reposera-t-on, là, mais là tout de bon... n'auras-tu plus dans ta caboche encore de l'éreintement tout neuf à nous revendre tous les jours? »

— « Combien crois-tu, frérot, que nous pouvons sauter à l'heure présente? »

— « Neuf à dix pieds... et si nous les sautons encore ! »

— « Oui, c'est quatre pieds à gagner. »

— « Mais si tu voulais bien me dire ce que tu veux faire. »

— « Je te le dirai... quand tu seras arrivé à dépasser treize pieds... parce que si tu ne les sautes pas, mon tour est impossible, et alors... et puis, si je te disais tout de suite ma machine tu trouverais la chose trop difficile... et je te connais... tu désespérerais d'y venir jamais. »

— « Bon, merci! le saut tout seul ne te paraît pas suffisant... et il y a une sauce à ton saut... de l'équilibre, je parie... et du violon vertigineux... et de tout le diable et son train.... et peut-être de la *casse*. »

Mais tout à coup, au milieu de sa tirade, Nello voyant la figure de Gianni devenir tristement sérieuse, le jeune frère s'interrompait en disant :

— « Bête, je ferai tout ce que tu voudras... ça t'est connu, n'est-ce pas ?... mais laisse-moi au moins un petit peu *geindre*... ça m'encourage. »

LV

Huit jours après, le plafond du baraquement se trouvait démoli. Un tremplin de deux mètres vingt centimètres était placé sur le sol. En face et presque tout contre, entre deux montants de quinze pieds, fixés dans la terre battue, et semblables à ces gradins sur lesquels s'étagent des pots de fleurs dans les jardins, montait et descendait une planche mobile, qu'une crémaillère permettait d'élever pouce à pouce. Et pour amortir les chutes, il y avait, au-dessous de la planche, un lit de plusieurs bottes de foin superposées.

Tous les matins Gianni réveillant de très

bonne heure Nello, les deux frères s'exerçaient à sauter sur la planche, élevée chaque jour, dans les premiers temps, de quelques pouces.

Les soirs, tous deux étaient fourbus avec des points douloureux dans le ventre, l'estomac, le dos, et que le médecin du Cirque disait à Nello être produits par des courbatures des muscles sterno-pubien et dorso-acromien. Et Nello tout en traitant, tout le long de la journée, Gianni de « frère impossible » et en le taquinant, moitié gaiement, moitié plaignardement de son sterno-pubien et de son dorso-acromien, continuait à s'efforcer d'arriver au saut du tour.

LVI

Le saut, cette envolée momentanée de terre d'un corps dense, mollement musculeux, épaissement matériel, sans qu'il ait rien en lui, pour se soutenir dans le vide, de l'allégement gazeux ou de l'appareil flottant des êtres qui volent ; le saut lorsqu'il atteint une élévation extraordinaire : cela tient du miracle ! Car le saut, pour que l'homme l'obtienne, il faut sur le pied arc-bouté au sol une flexion oblique de la jambe et de la cuisse et du torse sur la cuisse. Puis dans ce raccourcissement du corps, dans cet abaissement du centre de gravité, dans le demi-cercle de ces membres ployés et rapprochés comme les deux bouts d'un arc dont on tend la corde, il est soudainement besoin d'un départ brusque des extenseurs, pareil à la détente d'un ressort d'acier, qui d'un seul coup triomphe du clouement pesant des orteils à la terre, et qui redresse, en une raideur rigide, les jambes, les cuisses, la colonne vertébrale, et qui projette la masse corporelle vers le ciel, pendant que les bras, avec leurs poings fermés, et tendus et poussés au plus haut de leur développement, font, suivant l'expression du médecin Barthez, l'office d'ailes.

Cette effroyable détente d'extenseurs devant produire la projection d'un corps pesant cent trente livres à près de quinze pieds en l'air, et encore perpendiculairement, Gianni travaillait à l'aider de toutes les sortes. Il fit longtemps chercher à Nello dans son passage courant sur le plancher du tremplin, la façon de poser les pieds de manière à donner à la planche le plus de *balan* possible. Il assujétit son frère à étudier la force respective de ses deux jambes, pour que dans le bondissement, il appuyât sur la plus forte pour se donner l'impulsion. Il l'habituait aussi à sauter avec dans ses mains de petits altères pour soulever et emporter dans l'altitude, son corps avec un entraînement plus énergique.

LVII

Dans le tour qui devait être exécuté par les deux frères, Gianni n'avait qu'à s'élever à la hauteur de neuf pieds. Il était arrivé à ce résultat presque de suite, et maintenant s'exerçait à sauter non plus sur une planche, mais sur une barre et à y garder l'équilibre.

Quant à Nello, au bout d'un travail de trois mois, qui lui avait fait éclater toutes les petites veines des jambes, il était parvenu à sauter treize pieds, mais le pied et les quelques pouces manquant pour la réussite complète de l'exercice, il ne pouvait les obtenir, restant rivé à ses treize pieds, quelque volonté, quelque effort, quelque obstination qu'il apportât à satisfaire Gianni.

Alors, dans un découragement colère d'enfant, il déclarait à son frère qu'il était fou, archifou, et qu'il se faisait un plaisir de lui faire tenter des choses qu'il savait d'avance complètement impossibles.

L'aîné qui connaissait son jeune frère, sa nature mobile et impressionnable, sa facilité à se démonter et à se remonter, n'entrait point en discussion avec Nello, et semblait lui donner raison, en lui laissant croire, pendant quelque temps, qu'il avait complètement renoncé à son tour.

LVIII

La contrariété colère amenée sur la figure de la Tompkins par les pieds de nez acrobatiques de Nello, avait amusé le jeune clown, et comme il était resté un peu enfant et taquin à la manière des enfants, — de cette petite pause laissée à la femme et au cheval pour souffler, et remplie par la contemplation plaisamment amoureuse de l'écuyère par le clown, —Nello en avait fait, dans la représentation de chaque soir, un long intermède presque cruel. Et à l'adresse de la Tompkins allaient des admirations qui se témoignaient par des cassements de cou drôlatiques, des extases agenouillées d'un hébétement grotesque, des désirs amoureux parlant avec des *trémolo* de jambes impossibles, des mains posées sur le cœur dans des contournements inouis, puis encore des adorations et des implorations qui rendaient ridicules tous les muscles de son corps, et d'où l'amère bouffonnerie plastique jaillissait de chacun de ses nerfs. Sur une de ses jambes retournées, il mimait à la belle comme sur une guitare, les plus charmantes blagues des romances d'amour. Et variant tous les jours son programme, et le faisant durer un peu plus, et parfois s'attachant à la queue du cheval partant, pour prolonger la colère de l'Américaine, il avait des gestes qui faisaient l'effet de *lazzis*, et des ironies de l'échine inénarrables. C'était comme une pantomime exécutée par un jeune, et joli, et distingué, et fantastique Deburau, où il n'y avait rien de canaille, même de grossier, mais où tout était rapide, délicat, esquissé dans l'air et crayonné avec la silhouette farce d'un corps satirique, — et senti par le public des premières galeries, qui commençait à venir au Cirque uniquement pour cette pochade gymnastique. On croyait vraiment voir une gaie scène de comédie muette, où le jeune clown avec son dos, ses jambes, ses bras, ses mains, et pour ainsi dire, avec l'esprit de l'adresse physique, opposait en riant à la flamme d'une femme, — et quelques habitués connaissaient la femme, — la plus moqueuse indifférence, les plus raillards mépris, les plus burlesques dédains.

Nello ne s'arrêtait pas là. Un peu grisé par le succès de sa petite méchanceté, un peu encouragé par les excitations de ses camarades blessés par les hauteurs de l'écuyère, il égratignait l'amoureuse aux endroits sensibles de son sexe et dans les fiertés qu'elle avait du charme de ses formes. Le souple et élastique corps de la Tompkins n'avait pas l'ondulation serpentante d'un corps de Parisienne. Elle avait cette colonne vertébrale britannique un peu toute d'une pièce, et qui même brisée et rompue qu'elle était par le métier, ne se prêtait pas aux flexibilités de la grâce. Un sculpteur qui a vécu longtemps en Angleterre et en Amérique, disait n'avoir jamais trouvé, parmi tous les sveltes et élégants bustes féminins de ces deux pays, un torse de modèle qui pût lui donner le penchement d'une Hébé tendant la coupe à Jupiter, d'une Cypris allongée, les rênes à la main, sur son attelage de colombes. Cette raideur de la grâce, Nello en faisait l'imitation en charge, la caricature, dans le rire de tous, outrant les inflexions rêches et les amabilités ankilosées du jeune et beau corps de l'Américaine en train de remercier les applaudissements du public.

Et plus il sentait l'écuyère irritée, plus le taquinant clown prenait plaisir à la tourmenter. Il ne se contentait plus maintenant des représentations, il la poursuivait de sa gouaillerie persistante et entêtée, aux répétitions et partout, ne la laissant pas, un moment, en repos. L'Américaine se préparait-elle dans l'entrée du corridor de droite, à son exercice équestre, par des élévations de terre qui retombent en entrechats battus, la Tompkins voyait aussitôt, dans l'entrée du corridor de gauche, Nello, surgir juché sur un de ces grands tabourets blancs à filets rouges, servant au saut des banderolles, Nello qui de là haut, au milieu d'un cercle d'ouvreuses en joie, lui adressait mille singeries cocasses.

Deux ou trois fois, Nello, dans une de ces turlupinades, où il était assez rapproché de l'écuyère, l'avait vu serrer d'une main, prête à frapper, la pomme de sa cravache à la tête d'hyppocampe en crystal de roche, et il attendait comme un gamin tenté par un coup qui le menace, mais à l'instant, l'autre main de l'écuyère, empoignant la cravache au milieu, et la faisant lentement couler entre ses doigts serrés l'abaissait au-dessus de sa tête ainsi qu'une branche qu'on ploie, et après un petit et singulier « aoh ! ».... la femme reprenait son apparence impassible et la fixité de son regard.

Car la Tompkins continuait à regarder Nello tout le temps qu'elle se trouvait dans l'arène en même temps que lui, mais maintenant, avec, dans son regard, un ressentiment presque inquiétant.

« Laisse-la donc tranquille, — disait un soir à Nello le clown Tiffany, — vois-tu, moi, à ta place, j'aurais peur de l'œil de cette femme ! »

LIX

Dans leurs premiers essais du nouvel exercice, les deux frères se servaient d'un tremplin en bois blanc fabriqué dans le voisinage, le rudimentaire tremplin des saltimbanques. Gianni, sans en rien dire à Nello, commandait chez un spécialiste, et en en surveillant la fabrication lui-même, un tremplin où il substituait au sapin « le frêne des îles », le bois désigné par les Américains sous le nom caractéristique de *lance-wood*. C'était un tremplin légèrement modifié, et tenant un peu de la *batoude* anglaise, et ayant trois mètres de longueur avec une inclinaison du plancher qui s'élevait au-dessus du sol de qua-

rante centimètres, à l'endroit où le sauteur
prend son élancement. L'extrémité de la planche pour lui donner une élasticité plus grande,
Gianni la faisait amincir au point juste, où
elle pouvait encore céder et plier, sans se
casser. Et finalement, le tremplin terminé,
il remplaçait le dernier montant de bois par
une barre d'acier enveloppée d'un morceau
de tapis, donnant sous le frappement des pieds
du gymnaste, une force de propulsion extraordinaire au saut.

Le nouveau tremplin apporté aux Ternes,
l'aîné demandait au cadet de l'essayer.
Nello au premier saut, dans un saut exécuté
sans confiance, gagnait un demi-pied. Làdessus le jeune frère, après cinq ou six répétitions du saut, faites coup sur coup, sans que
l'aîné lui parlât de ce qui lui tenait au cœur,
lui criait en plein saut, que maintenant il était
assuré de son affaire, et que ce que Gianni
voulait de lui, il le ferait sur ce tremplin.
Quelques jours après, Nello était arrivé au

saut de quatorze pieds. Il n'y avait plus que quelques pouces à conquérir. L'exercice était entré dans le domaine des choses possibles à délai très rapproché.

Alors Gianni allait trouver le directeur-gérant, lui disait qu'il était au moment de mener à bonne fin un *truc* très extraordinaire et tout nouveau, et lui demandait un congé d'un mois, pour arriver à la perfection complète de la chose.

Gianni avait la réputation d'un chercheur. Depuis longtemps le Cirque était dans la curieuse attente de quelque chose, même de quelque chose « de très fort » devant sortir de la constante préoccupation du clown, et le Directeur partageait la confiance des camarades de Gianni ; aussi accordait-il très gracieusement sa demande à Gianni, en lui disant de prendre tout le temps nécessaire.

LX

La parfaite exécution du tour dans son ensemble demandait plus de temps que Gianni ne l'avait cru d'abord. Les deux frères travaillèrent six semaines enfermés dans leur petit gymnase, se jetant, lorsqu'ils tombaient de fatigue, sur le foin du plancher, y dormant une heure, puis recommençant.

De la réussite obtenue la première fois par un heureux hasard, de cette réussite, avec l'effort et l'occupation de chaque jour, devenant presque une habitude, il leur fallait faire une réussite certaine, assurée, constante, qui ne ratât jamais, — et cette continuité, cette permanence du succès, de toute nécessité pour qu'un tour se produise en public, est bien souvent sa mort. Puis le saut, lorsque Nello était arrivé à conquérir la hauteur voulue, n'avait plus eu lieu dans l'espace libre et ouvert, Gianni l'avait enfermé, ce saut, dans le cercle étroit de deux ronds de ficelle, figurant le haut et le bas d'un tonneau — labeur nouveau. Enfin maintenant Nello sautait sur les épaules de son frère, dont les pieds étaient posés sur une étroite tige de fer hémicyclaire; et l'horrible difficulté du maintien des deux hommes, l'un sous le choc, l'autre dans sa prise d'aplomb sur des muscles, sur de la chair remuante, exigeait bien des tentatives, des essais, des recommencements. Et quand Nello croyait tout terminé, Gianni n'avait-il pas voulu couronner le tour par un prodige d'équilibre, par une série de sauts périlleux de tous deux en même temps, l'un au-dessus de l'autre, et pour lesquels, sur des points d'appui impossibles, il leur était nécessaire de réunir à un ensemble et à une concordance de mouvements extraordinaires, la rectitude d'adresse du vieil Auriol retombant dans ses pantoufles.

Il y avait encore la recherche de l'invention scénique, dont ils voulaient selon une ancienne habitude enguirlander leur gymnastique. Et Nello, le poète ordinaire des exercices fraternels, avait trouvé d'aimables imaginations, un cadre d'un fantastique souriant et des musiques qui étaient à la fois des échos d'ouragans et de soupirs de la Nature. Mais au dernier moment les deux frères faisaient la remarque que *l'osé* de leur tour disparaissait dans l'enjolivement de la mise en scène. D'un commun accord, ils se décidaient à être cette fois des gymnastes, uniquement des gymnastes, quitte plus tard pour redonner du nouveau à la chose vieillissante, à l'agrémenter de leur petite fabulation poétique.

LXI

Par la fin d'une journée d'été, les deux frères sortaient courant de leur petit gymnase, avec des gestes de fous, et quelque chose d'indiciblement heureux sur le visage. Tout à coup ils s'arrêtaient brusquement au milieu de la cour, et face à face, de la bouche de tous les deux sortait en même temps cette phrase : « *Ça y est*! » Puis ils se précipitaient dans leurs chambres, où ils s'habillaient, arrachant les boutons de leurs chemises, cassant les lacets de leurs bottines, avec cette maladresse qu'apportent les grandes émotions au toucher, au menu travail des doigts dans les impatiences de la toilette, — poussés dehors de chez eux par une inexplicable et pressée sollicitation de sortir, de se mouvoir, de circuler. Et en s'habillant, c'était tantôt l'un, tantôt l'autre, qui avec des battements souriants des paupières disait à son frère dans un petit chantonnement : « *Ça y est !* »

Sur leur chemin, ils rencontraient une voiture dans laquelle ils se jetaient ; mais la voiture n'allait pas assez vite, — et ils se trouvaient mal à l'aise dans cette locomotion où ils se sentaient immobiles. Au bout de dix minutes, ils payaient le cocher et redescendaient.

Ils se mettaient à marcher à grands pas, choisissant le milieu de la chaussée pour avoir le champ plus libre, et s'étonnaient l'un l'autre, lorsque par hasard ils venaient à se regarder, de se trouver chacun leur chapeau à la main.

Ils dînaient dans la première taverne qu'ils rencontraient, mangeant sans faire attention à ce qu'ils mangeaient, et répondant au gar-

çon qui leur demandait ce qu'ils voulaient:
« Donnez-moi de ça que mange le monsieur à
côté ! » Nello, ce soir-là, ne parlait pas plus
que son frère.

Après dîner, ils s'asseyaient dans des cafés,
mais décidément ils ne pouvaient rester assis.

Ils cherchaient alors des endroits où l'on
va et vient, où le corps est en mouvement,
où il leur était loisible de remuer et retourner
leur fièvre. Ils entraient dans des bals, dans
des concerts, où, parmi de la foule, sous une
lumière aveuglante, emportés par la marche
des autres, en une promenade mécanique et
toujours recommençante autour d'un bruit de
musique, ils tournaient sans trêve, ne voyant
rien, n'entendant rien, des cigares éteints à
la bouche, absents du lieu, du monde, des choses, parmi lesquels ils roulaient toute la soirée,
— mais seulement de temps en temps se retournant l'un vers l'autre, et se disant, sans se parler, avec le bonheur de leur figure: « *Çay est!* »

LXII

Le lendemain les deux frères reprenaient leur service au Cirque, où la satisfaction intérieure de Nello le rendait plus méchant, plus taquin que jamais à l'endroit de la Tompkins, pendant que Gianni prenait à part le Directeur, et l'invitait à venir assister à l'exécution du nouvel exercice que son frère et lui avaient trouvé. Le Directeur, qui attendait, avec une certaine impatience, l'annonce de la complète réussite, répondait à Gianni qu'il serait le lendemain, à dix heures du matin, aux Ternes.

Le lendemain, à l'heure dite, le Directeur, les mains enfoncées dans les poches de son pantalon, était planté debout devant le tremplin du petit gymnase. Et sur sa figure, à mesure que se développait le travail des deux frères, se faisait la fermeture de traits, le renfoncement d'enthousiasme que, devant un rare et curieux bibelot, affiche le froid visage d'un amateur, redoutant le prix qu'on va lui en demander.

Les deux frères avaient fini, et Gianni, un peu décontenancé par le silence de son spectateur lui disait : — « Eh bien ? »

— « C'est fort… vraiment fort… j'aurais préféré la saison d'hiver… mais nous arriverons toujours avant les vacances, la chasse… oui, je crois, qu'avec cela il y a un succès… mais ça a besoin d'être chauffé..; l'extraordinaire de l'exercice n'est pas frappant pour la foule… ça ne fait pas l'effet d'une chose qui se passe dans les frises… ça ne donne pas le petit frissonnement — et ici le directeur fit le mouvement de coudes qui se rapprochent d'une poitrine

serrée, — le danger, le péril de mort, qu'il y a
dans votre exercice... il est besoin que la presse
développe, mâche cela au public... il nous faut,
rappelez-vous-le, beaucoup de presse... vous
en avez manqué un peu à vos premiers débuts... Venez me trouver après-demain pour
la commande des accessoires et l'organisation
de la réclame dont je vais m'occuper dès ce
soir... Maintenant reposez-vous... vous êtes
dispensés de tout service... Vous savez, si l'exercice réussit, je suis tout prêt à faire quelques modifications à votre traité... Mais il est
de toute nécessité, comprenez-le bien, que
nous passions le plus tôt possible. »

Et sur le pas de la porte, malgré toute la
réserve qu'il voulait apporter dans ses compliments, le Directeur ne put s'empêcher de
jeter aux deux frères : « C'est extraordinairement fort. »

LXIII

Les journées qui suivirent jusqu'au jour de la représentation, les deux frères les vécurent dans ce doux et trouble transport cérébral qu'apportent à la faible humanité les coups de fortune inattendus, les réalisations des choses inespérées, les surprises du sort. Ils se sentaient la tête pleine d'une chaleur qui brûlait dans du vide bienheureux. Une intérieure joie nerveuse leur coupait l'appétit comme un chagrin. Ils marchaient sur le pavé des rues avec le sentiment obtus de la marche sur un tapis. Et tous les matins, en se réveillant, ils interrogeaient en plein jour, un moment, la réalité de leur bonheur, lui demandant dans le premier doute du réveil :
« N'es-tu point un rêve ? »

LXIV

Le serrurier et le charpentier venaient de sortir, emportant les instructions de Gianni pour la confection du petit appareil nécessaire à l'exécution de l'exercice nouveau dans le Cirque, et sur le pas de la porte, ils avaient pris de nouveau l'engagement que tout serait prêt dans cinq jours.

— « Eh bien, avez-vous lu les journaux de théâtre ? » — se mettait à dire le Directeur, en s'adressant aux deux frères, et en amenant à lui les feuilles éparses sur son bureau, et dont certains passages étaient entourés d'un trait de crayon rouge. — Cela commence à *moutonner* autour de votre exercice, comme on dit aux commissaires-priseurs... Écoutez un peu... voici ce qu'ils impriment les uns et les autres. »

« On parle d'un exercice nouveau tout à fait extraordinaire.. » « On s'entretient d'un exercice que les gens du métier déclarent impossible, et qu'on dit devoir être exécuté sous très peu de jours au Cirque d'été.. » « Si nous croyons ce qui se répète dans le monde des gymnastes, Paris serait prochainement témoin d'un exercice digne de faire pendant aux exercices de Léotard... » « Un saut dans des conditions et d'une hardiesse que n'a pas osé l'antiquité.. »

— « Votre affaire n'est pas mal annoncée, n'est-ce pas?... Voilà la curiosité allumée... maintenant il faut sortir du vague de l'annonce... c'est le moment de jeter au public un peu de votre biographie vraie ou vraisemblable... vous me donnerez quelques notes... Voyez-vous, au piquant de l'inconnu, il faut faire demain succéder l'intérêt du connu... il faut que Paris fasse connaissance avec votre passé, vos habitudes, vos figures, l'historique de votre exercice... que vous soyez pour lui des gens dont il a vu des photographies... des messieurs définis auxquels ses sympathies puissent s'accrocher... et pour lesquels il se passionne d'avance... maintenant il est bien entendu que cette fois nous jouons de la fraternité et que nous l'affichons partout..... c'est convenu, nous mettrons, n'est-ce pas ? les frères Bescapé.

— « Non, » fit Gianni.

— « Comment, non ? »

— « Non, — répéta Gianni, — Bescapé, c'est notre nom de saltimbanques... aujourd'hui nous passons à un autre... que nous voulons faire nous-mêmes. »

— « Et quel est cet autre ? »

— « Les frères Zemganno. »

— « Zemganno... mais il est vraiment original votre nom... il possède un diable de Z au commencement qui est comme une fanfare... on dirait une de nos ouvertures, vous savez, où il y a une sonnerie de clochettes dans une batterie de tambours. »

— « Oui, c'est le nom que nous avions là-bas ! »

— « Tiens, c'est vrai, je l'avais parfaitement oublié. »

— Il a eu du succès en Angleterre, reprit Gianni... et je l'ai mis de côté pour le jour où enfin... puis ce nom je l'aime, je ne sais pourquoi, ou plutôt si je sais pourquoi. — Et Gianni dit la fin de sa phrase comme s'il se parlait à lui-même. — « Nous sommes d'origine bohémienne... et ce nom, je ne suis pas sûr de l'avoir inventé... il me semble qu'il est dans mon souvenir comme un murmure sonore qui était souvent sur les lèvres de notre mère... quand j'étais tout petit. »

— « Va pour Zemganno, » fit le Directeur.

— « Et qu'est-ce qu'il vous faudra pour vos répétitions au Cirque ? »

— « Trois ou quatre jours tout au plus... le temps d'essayer le nouveau tremplin. »

— « Très bien, avec les cinq que le charpentier et le serrurier demandent... nous pourrons passer dans dix jours... Au fait, où êtes-vous nés et où. . . . .

LXV

Les deux frères, le jour de la représentation, dînaient à trois heures et se rendaient au Cirque au moment de l'entrée du public.

— « Gianni, vois-tu la grande porte battante du Cirque d'hiver? disait tout à coup Nello à son frère, au bout de leur longue marche silencieuse. »

— « Et pourquoi ? »

— « La vois-tu, le jour où nous avons débuté!... avec les entours noirs et déserts, les bureaux de location sans personne, et devant un vieux fiacre délabré dont le cocher s'était endormi... tu te souviens, hein! que nous sommes restés, avant d'entrer, à regarder cela tout tristes, et nous disant que nous n'avions pas de chance dans la vie... et les vois-tu encore les deux statues de chevaux aux côtés de la porte, leurs croupes couvertes de neige, et dans la vilaine nuit, le bâtiment sombre, où par les grands carreaux... on n'apercevait d'éclairé que le fond tout rouge avec dessus les deux chapeaux immobiles des contrôleurs et le shako d'un municipal appuyé sur une barrière... seuls dans le vestibule vide. »

— « Eh, bien, après ? »

— « Eh bien, si c'était aujourd'hui, au Cirque d'été, un peu comme ça ! »

Gianni tourna des yeux étonnés vers son jeune frère, comme s'il était surpris de trouver chez lui, d'ordinaire si confiant, un doute du succès de tout à l'heure, pressa le pas, et quand il fut devant le Cirque lui répondit : « Tiens, regarde. »

LXVI

Ce soir, le beau soir, où l'exercice de Gianni devait être exécuté par les deux frères, il y avait autour du Cirque d'été, l'animation, l'espèce de fièvre en plein air d'une de ces représentations théâtrales dans laquelle la fortune d'un avenir, ou la vie d'un talent est en jeu, et à laquelle le parisien se rend avec la légère espérance de voir manger de l'homme sur une scène de la capitale. Des voitures de maîtres, faisant crier le macadam mouillé de la grande Avenue, jetaient, à tout moment, sur la chaussée des femmes élégantes. Des crieurs de programmes, allumés de vin, annonçaient le spectacle avec des voix vociératrices, et près des bureaux de location assaillis par des queues qui n'en finissaient pas, stationnait une population de gamins souples, de gymnastes en herbe, s'exerçant anonymement dans les carrières des environs de Paris, venue aux nouvelles et les attendant aux portes.

Sous les clartés tranquilles du gaz, dans leurs petits cadres de fonte, sur de belles affiches jaunes à l'impression toute fraîche, se lisaient en immenses lettres :

LES DÉBUTS

DES FRÈRES ZEMGANNO.

A l'intérieur du Cirque, sous la grande frise étrusque déroulant autour de la salle les exercices gymnastiques de l'antiquité, sous un premier plafond orné de trophées de boucliers, traversés de piques et surmontés de casques, sous un second plafond représentant, en des médaillons jetés sur des rideaux entr'ouverts, des chevauchées d'amazones nues sur des cavales indomptables, la lumière flamboyante de tous les lustres suspendus au milieu des arcatures aux frêles piliers de fer, descendait des cintres aux premières galeries comme dans un vaste entonnoir, montrant sur le velours rouge des banquettes et le bois peint en blanc des dossiers, un peuple d'hommes parmi lesquels se perdait la claire toilette des femmes : — une foule noire avec des taches d'un rosâtre sale pour visages, une foule plus noire que dans les autres théâtres. Et cette foule était rendue encore plus éteinte, plus morne, par le contraste et le détachement sur elle d'un équilibriste vêtu d'une étoffe d'argent paradant au haut d'une échelle de quarante pieds, d'une petite fille trapéziste mettant autour de son trapèze le tournoiement de sa jupe tendre; d'une écuyère le pied posé sur la cuisse d'un Hercule debout sur deux chevaux, et se renversant dans un mouvement de sylphide, avec l'envolée et le remontage de la ruche d'un blanc jupon sur un maillot sans couleur, lui faisant les chairs pâlement rosées d'une statuette de vieux Saxe.

Le public du Cirque, sa confuse agglomération, sa presse, son fourmillant ramassement d'individus, avec cette lumière qui fait diffus les visages et que boit et absorbe le drap des vêtements, ne rappellent-ils pas ces admirables lithographies de Goya, les échafaudages de courses de taureaux, ces multitudes troubles, à la fois vagues et intenses!

Là aussi l'attente est autre qu'ailleurs. Elle est sérieuse, réfléchie; et chacun est plus à soi que partout. Sur les exercices dangereux, de la Force et de l'Adresse, à la grandeur indéniable, plane un peu de l'émotion qu'il y avait autrefois dans les poitrines romaines aux jeux du vieux Cirque, et il se fait d'avance un certain resserrement des cœurs, et un froid particulier derrière les nuques, pour les audaces, les folies, les risques périlleux de ces corps dans les frises, pour ce solennel

« Go », l'appel que l'un fait à l'autre de venir le retrouver à travers le vide, — pour ce « Va » qui est peut-être la mort.

Le Cirque était comble. A la première banquette des galeries, de chaque côté de l'entrée, se pressaient tassés de longs vieillards secs, aux moustaches, et à la barbiche blanches, aux courts cheveux ramenés au-dessus de grandes oreilles cartilagineuses, à l'aspect d'anciens officiers de cavalerie tenant un manège. Et sur cette banquette des yeux exercés reconnaissaient encore des professeurs de gymnastique, des capitaines de pompiers en bourgeois, des artistes de la partie parmi lesquels venait s'asseoir, marchant péniblement appuyé sur une canne, un jeune étranger, coiffé d'un bonnet d'astrakan, et vers lequel allaient pendant tout le cours de la représentation les amabilités du personnel du Cirque. Quant au passage des écuries, en dépit du carton qui invite à prendre des places dans la salle, il était plein à empêcher la sortie des chevaux et des écuyers, plein d'un monde de *sportsmen* et de notabilités de club se disputant les deux petites banquettes sur lesquelles on regarde debout, et où se tenait ce jour-là la Tompkins, qui ne travaillait pas ce soir-là, et qui semblait attendre avec curiosité l'exercice des deux frères.

La représentation commençait dans l'indifférence du public, et n'était marquée par d'autres incidents que, de temps en temps, devant la chute grotesque d'un clown, par de jolis et frais rires d'enfants se continuant dans une suite de « oh! » entrecoupés, qui ressemblent à un petit hoquet joyeux.

L'avant-dernier exercice finissait dans l'inattention, la fatigue, l'ennui, le remuement des pieds ne tenant pas en place, le déploiement de journaux déjà lus, et des applaudissements donnés avec la mauvaise grâce d'une aumône forcée.

Enfin, le dernier cheval rentré et les deux révérences de l'écuyère accomplies, s'établissaient entre hommes se levant ici, se déplaçant là, des entretiens animés, et des deux côtés de l'entrée intérieure du Cirque, une conversation à voix haute dont les phrases isolées montaient au-dessus du bourdonnement général, et arrivaient par bribes aux oreilles des spectateurs.

— « Quatorze pieds, oui, je vous le dis, c'est un saut de quatorze pieds... Comptez... D'abord l'espace entre le tremplin et le tonneau : six pieds ; le tonneau : trois pieds ; le frère aîné : cinq pieds, et il a plus... Ça fait bien quatorze pieds à sauter pour le jeune, je crois ? »

— « Mais c'est radicalement impossible. Tout ce qu'un homme peut sauter... et encore avec un tremplin fabriqué par un menuisier de génie : c'est deux fois sa hauteur. »

— « Il y a eu cependant des sauts en largeur bien extraordinaires... par exemple, cet anglais qui a sauté le fossé de l'ancien Tivoli dont la largeur était de trente pieds. Le colonel Amoros... »

— « Les anciens athlètes sautaient bien quarante-sept pieds. »

— « Allons donc... avec des perches, peut-être ! »

— « Messieurs, qu'est-ce que vous me parlez de vos sauts en largeur..., c'est d'un saut en hauteur dont il est question, n'est-ce pas ? »

— « Pardon, monsieur, j'ai lu dans un livre que le clown Dewhurst, un contemporain, vous savez, de Grimaldi, sautait une hauteur de douze pieds en passant à travers un tambour de soldat. »

— « Parfaitement, un saut en hauteur qui devenait parabolique.... nous en voyons comme cela tous les jours... mais leur saut à eux est complètement vertical... c'est comme un saut qui monterait dans une cheminée. »

— « Enfin, pourquoi ne veux-tu pas le croire, puisqu'ils l'ont fait, puisqu'ils vont le faire..., l'Entr'Acte le dit positivement. »

— « Ça réussit une fois par hasard et ça ne se recommence pas. »

— « Moi, monsieur, je puis vous l'affirmer, je le tiens du Directeur, leur tour, ils l'ont exécuté une série de fois chez eux et même ici... et ils ne l'ont jamais manqué ! »

. . . .
. . . .
. . . .

— « D'où viennent ces frères ? »

— « Bah ! tu ne les as pas reconnus dans l'écurie... ils sont ici depuis des années... seulement, comme c'est l'habitude quand ces gens se produisent avec quelque chose de nouveau... ils changent de noms. »

. . . .
. . . .

— « Quatorze pieds en hauteur et verticalement, moi je continue à ne pas y croire ! D'autant plus que le tonneau, m'a-t-on dit, n'est pas large, et que quand l'aîné est au-dessus, il faut que le petit combine joliment le passage de son corps là-dedans. Le moindre contact... »

— « Ah, vous ne savez pas ça... le tonneau en

bois d'ici est toujours un tonneau en toile...
et celui-ci ne doit avoir de solide et de résistant que le devant, la partie où le grand frère pose les pieds. »

— « Vraiment vous êtes étonnants, vous autres... tous les jours, on fait quelque chose qu'on avait cru jusque là impossible... Si avant la première de Léotard... »

— « Je pense tout à fait comme toi... cependant pour le petit... et cela ne doit-il pas être couronné en haut du tonneau par une succession de sauts périlleux exécutés en même temps? »

— « Eh bien, mes amis, voulez-vous ma façon de penser? je ne voudrais pas faire l'échange de mes membres contre les leurs dans une heure d'ici... Ah, les voilà ! »

Et ce « Ah, les voilà ! » s'étendit jusqu'aux extrémités du Cirque, comme une grande et sourde voix, faite du murmure de toutes les bouches entr'ouvertes dans un ébahissement bienheureux.

Gianni venait d'apparaître suivi de son frère, pendant que les hommes de service commençaient à poser, dans le brouhaha de la salle, les pièces d'un praticable terminé par un tremplin, prenant naissance au milieu du passage d'entrée et s'avançant dans l'arène d'une vingtaine de pas. Les mains derrière le dos, Gianni surveillait, avec un soin sérieux, la pose et l'ajustage des pièces de bois, essayant sous le frappement de ses pieds la solidité des planches, tout en adressant à son frère quelques mots brefs qu'on sentait des paroles d'encouragement, et tout en jetant de temps en temps sur la brillante assemblée des regards assurés et confiants. Son jeune frère le suivait pas à pas avec une émotion visible qui se témoignait par de l'embarras, par ces gestes qu'on dirait avoir froid, et qu'amènent les petits malaises du corps ou de l'âme.

Nello était d'ailleurs charmant. Il avait ce jour-là un maillot qui était, comme imbriqué de petites écailles d'ablette, et sur lequel chaque remuement d'un muscle faisait courir du vif-argent dans des lueurs nacrées ; et les lunettes braquées sur les formes de ce corps chatoyant et miroitant, admiraient la svelte académie à l'enveloppement féminin, et dont les bras ronds, et sans saillie de biceps, laissaient deviner une force en dessous, une force non extérieure.

Le tremplin était posé, et dans la curiosité éveillée et le calme renaissant de la salle, on élevait quatre supports dominant le tremplin d'une hauteur de six pieds, quatre tiges de fer en forme de S, dont les pieds touchaient au sol en s'écartant et dont les extrémités supérieures se rapprochaient en haut, réunies par un cercle, à la surface plate garnie d'un petit rebord. Gianni, grave, pensif à l'approche de l'heure décisive, une main molle posée sur l'épaule de Nello, regardait toujours les préparatifs de son tour, quand on l'appelait du passage d'entrée. Et presque aussitôt, devant l'attention générale dont il était l'objet, saisi en son immobilité oisive au milieu du Cirque de la gêne que, tout enfant, il éprouvait à ses premières apparitions dans l'Amphithéâtre Bescapé, Nello quittait l'arène, et se mettait à la recherche de son frère.

Alors parmi l'immobilité silencieuse, venue à tout ce monde, un tonneau blanc était établi sur le cercle couronnant les quatre supports; et soudainement éclatait une musique tapageuse et stridente, avec laquelle les orchestres de ces endroits fouettent les énergies des muscles, encouragent les casse-cous héroïques.

Au bruit de l'ouverture, Gianni en train de s'avancer sur le tremplin, pour venir donner un dernier coup d'œil à l'installation du tonneau, se rejetait vivement au fond, et dans la soudaine interruption de la musique, et dans un silence où le bruit des respirations paraissait suspendu, l'on entendait sur les planches rebondissantes les pas puissants du gymnaste, qui surgissait pour ainsi dire en même temps, les pieds posés sur les rebords du tonneau, dans un équilibre parfait.

A ce moment, dans la reprise de la musique, célébrant la réussite de l'exercice et dans le tonnerre de ces applaudissements qu'obtiennent seuls les tours de force, on voyait, sans bien comprendre, Gianni se courber vers le tonneau avec des regards surpris, tandis qu'un de ses bras étendu derrière lui semblait vouloir arrêter dans son élan son frère que l'on apercevait dans la pose envolée du départ: les deux bras en l'air, les deux mains tombantes de chaque côté de la tête, et comme battant de l'aile. Mais déjà la musique avait cessé avec cet arrêt brusque, apportant une constriction dans les poitrines, déjà Nello avait frappé sur le tremplin son dernier appel, et Gianni se redressant jetait par dessus l'épaule à son frère un « Go » hésitant, inquiet, désespéré, et qui avait l'intonation de ces « à la grâce de Dieu » poussés en un de ces instants mortels où il faut prendre un parti, sans qu'il vous soit donné le temps de reconnaître, d'interroger le danger.

Nello traversait comme un éclair toute la longueur du tremplin, courant sur des pieds effleurant sans bruit le plancher sonore, — avec devant sa poitrine le sautillement de quelque chose de brillant semblable à une amulette, qui se serait échappée de dessous son maillot. — Il frappait des deux pieds un coup sec sur le bout de la planche élastique et s'élançait, porté, soutenu en l'air, on peut le dire, par la tension de tous ces hauts de corps, de ces cous, de ces visages soulevés vers le haut du tonneau.

Mais que se passait-il dans cette seconde anxieuse où la foule cherchait, voyait déjà le jeune gymnaste sur les épaules de son frère?... Gianni perdant l'équilibre était précipité d'en haut, pendant que Nello chutant du tonneau, et cognant durement contre l'extrémité du trapèze, roulait à terre, où il se relevait pour retomber de nouveau.

C'était un grand cri étouffé de la salle, au

milieu duquel, le prenant en des bras de père, Gianni emportait son frère, montrant dans ses yeux l'horrible inquiétude de ces blessés rapportés du feu, et dont les regards semblent demander au passage ce qu'est leur blessure, — ce qu'elle sera !

LXVII

Au grand cri étouffé, au palpitant émoi des cœurs produit par la chute du jeune gymnaste, avait succédé une morne stupeur, et avec cette stupeur dans la salle bondée de spectateurs, s'était fait un silence, un de ces *épouvantables* silences, selon l'expression d'un homme du peuple, que suspend sur les multitudes la minute qui suit une imprévue catastrophe, et tout au fond duquel, il y avait, lointainement, çà et là, des pleurs de petites filles que l'on sentait comprimées, étouffées dans le corsage de leurs mères.

Toutes et tous restaient immobiles à leurs places, comme si la représentation n'était pas fatalement finie, pris de l'âpre besoin de revoir l'homme tombé, de le revoir un moment debout sur ses pieds, leur disant, par sa présence en des bras le soutenant, qu'il n'était pas tout à fait mort.

La masse compacte des écuyers, ainsi que des soldats qui auraient reçu la consigne de ne pas bouger, interceptait l'entrée du passage intérieur, les mains appuyées sur la barrière, et ne laissant rien lire sur leurs visages baissés. Au beau milieu de l'arène, la charpente et les accessoires du dernier exercice restaient abandonnés et sans qu'on les enlevât; les musiciens tenaient leurs instruments, avec sur eux des mains et des souffles suspendus ; et dans tout ce monde figé, l'arrêt soudain de la vie animée et bruyante de ce spectacle des jeux de la Force était tragiquement étrange.

Le temps passait toujours, et toujours aucune nouvelle de l'homme.

Enfin un écuyer se détachait du groupe, s'avançait d'une dizaine de pas dans le Cirque, faisait trois graves saluts, et au milieu du petit *ah !* de soulagement des poitrines, jetait au public :

« L'administration fait demander s'il n'y aurait pas par hasard un chirurgien dans la salle. »

Entre voisins, c'était un échange de regards sérieusement interrogateurs, mêlés à de petits froissements de la bouche, à des hochements de tête qui enterrent les gens : cela pendant qu'un homme encore jeune, aux grands cheveux, aux pensifs yeux noirs, se frayait un passage parmi les banquettes, au travers des spectateurs, se dirigeant vers le passage de l'entrée, et ayant dans le dos tous les yeux qui le suivaient avec une curiosité cruelle.

Le public demeurait toujours assis, ne se décidant pas à s'en aller, attendant et comme disposé à attendre indéfiniment.

Des hommes de service se mettaient, avec des gestes préoccupés et des chuchottements, à démonter les pièces du tremplin, d'autres hommes de service commençaient à éteindre le gaz, et la nuit venante dans la salle à demi-ténébreuse ne faisant lever personne, les ouvreuses retiraient les petits bancs sous les pieds des spectatrices, poussaient doucement de force cette foule à la porte, cette foule lente à sortir, et la tête retournée en arrière vers l'endroit où l'on avait emporté Nello, pendant qu'au-dessus de la silencieuse sortie de ce monde s'élevait une rumeur confuse, un bourdonnement vague, un murmure indistinct qui, dans les endroits resserrés et les corridors étroits, devenait cette phrase : « Le jeune a les deux jambes cassées. »

LXVIII

Le chirurgien, un genou en terre, était penché sur Nello couché sur le matelas de la *batoude*, le grand matelas sur lequel saute toute la troupe dans les exercices de voltige qui terminent d'ordinaire le spectacle.

Autour du blessé tournoyaient des gens du personnel qui, après un regard jeté sur la pâleur de son visage, disparaissaient ou se mettaient à causer dans les coins, à voix basse, du public s'entêtant à ne pas sortir, de l'inopportune indisposition du médecin du théâtre, et encore de la substitution au tonneau de toile qui devait servir au tour des deux frères d'un tonneau de bois venu on ne savait d'où ; et

cela coupé des exclamations : « C'est étrange !..
C'est bizarre !.. C'est incompréhensible !.. »

Au bout d'un temps assez long, lachant de
ses mains tâtonnantes, une jambe au bout de
laquelle à travers le maillot fendu, un pied
pendillait inerte et tout de travers, le chirurgien relevait la tête, s'adressant au Directeur debout devant lui :

« Oui les deux jambes sont fracturées... et à
la jambe droite, outre une fracture du péroné,
il existe une fracture *comminutive* à la base
du tibia... Je vais vous donner un mot pour
mon hôpital... Je ferai moi-même la réduction... car ses jambes... c'est le pain de ce
garçon ! »

« Monsieur, — disait Gianni, agenouillé de
l'autre côté du matelas : — c'est mon... vrai
frère, et je l'aime assez pour vous payer...
autant qu'un riche... avec du temps. »

Le chirurgien regarda un moment Gianni,
de ses grands yeux doux et tristes et comme
lentement entrant dans les choses et dans les

êtres; et devant la douleur contenue et le profond désespoir de cet homme faisant, sous son costume et le paillon de ses oripeaux, mal à voir, il lui jetait:

— « Où demeurez-vous? »

— « Ah bien loin, monsieur! »

— « Mais où, je vous le demande? » fit le chirurgien presque brutalement.

« C'est bien, — reprit-il, quand Gianni lui eut donné son adresse, — j'ai une visite ce soir dans le haut du faubourg Saint-Honoré !.. je serai chez vous sur les minuit... munissez-vous de planchettes, d'alèses, de cordons... le premier pharmacien vous dira ce qui vous est nécessaire... mais il doit y avoir dans quelque coin un brancard... ça fait partie des accessoires d'ici, ça... le blessé souffrirait moins dans le transport. »

Le chirurgien aidait à charger le jeune clown sur le brancard, soutenait, pendant qu'on le portait, avec toutes sortes de précautions, la jambe cassée en deux endroits, et la plaçait

et l'arrangeait lui-même en disant à Nello ;
« Mon enfant, encore deux heures de courage, et je suis à vous ! »

Gianni, dans un mouvement de bonheur reconnaissant, se baissait vers la main du chirurgien qu'il cherchait à baiser.

LXIX

Dans la nuit, au milieu des passants le suivant un instant des yeux, en ce long trajet du Cirque aux Ternes, Gianni marchait à côté de son frère, avec ce quelque chose d'automatique et de pétrifié, que montre par les rues de Paris, en plein jour, sur l'anéantissement de toute sa personne, l'accompagnateur d'un brancard s'acheminant vers l'hôpital.

Nello était monté dans sa petite chambre, et le chirurgien arrivait presqu'au moment, où Gianni et les deux hommes de peine du Cirque venaient de le placer sur son lit.

La réduction fut horriblement douloureuse.

Il fallut pratiquer l'extension du membre dont les os avaient légèrement remonté les uns sur les autres. Gianni dut aller réveiller un voisin, et l'on se mit à tirer à deux sur la jambe.

Nello ne laissait rien voir de ce qu'il souffrait que par des crispations de la figure, et au milieu des atroces douleurs, ses regards avec toutes sortes de tendres encouragements semblaient dire à son frère très pâle, de n'avoir pas peur de lui faire du mal.

Enfin les fragments de l'os du tibia ramenés à leur position, et les atèles posés, et le bandage commencé, le dur et peu sensible Gianni, qui s'était raidi jusque-là, tombait tout à coup en faiblesse, ainsi que ces militaires qui ont vu nombre de champs de bataille, et qui s'évanouissent devant une palette de sang tirée à leur femme pendant une grossesse.

LXX

Le pansement terminé, le chirurgien parti, un seau d'eau placé au-dessus du lit, et versant goutte à goutte de la fraîcheur sur les deux jambes, le premier mot de Nello dans l'apaisement de ses souffrances fut :

— « Dis donc, Gianni, combien t'a-t-il dit que cela durerait ? »

— « Mais il ne l'a pas dit... je ne sais pas... attends... il me semble que lorsqu'à Midlesborough... tu te rappelles.... le grand Adams s'est cassé la jambe... il en a eu pour six semaines. »

— « Autant que ça ! »

— « Voyons, ne vas-tu pas t'occuper maintenant... »

« — J'ai soif... donne-moi à boire. »

Alors commençait chez Nello une fièvre qui lui brûlait tout le corps, et dans laquelle succédaient aux douleurs aiguës de la fracture des douleurs autres, mais quelquefois tout aussi insurpportables : des crampes, des soubresauts qui donnent un moment l'impression d'une nouvelle cassure dans des membres cassés ; la simple portée du talon immobile sur le coussin, qui, à la longue, fait l'effet dans votre chair et vos nerfs du vrillement d'un corps dur; le froid même du pied, un froid intolérable produit par cet égouttement continu d'eau. Et cette fièvre et ces douleurs, qui prenaient une singulière intensité tous les soirs, privaient Nello de tout sommeil pendant une semaine.

LXXI

Ces mauvaises nuits étaient suivies d'une telle fatigue, que Nello dormait quelques heures pendant la journée. Gianni gardait le sommeil de son frère, mais bientôt de la tristle immobilité de ses jambes dans l'agitation de de tout son corps, des contractions de sa figure, des involontaires plaintes s'échappant de sa bouche qui n'en avait pas dans l'éveil, se levaient pour Gianni de ce lit et de ce repos douloureux, de muets reproches, et au bout de quelques instants, quittant la chaise sur laquelle il était assis, et marchant sur la pointe des pieds, et prenant doucement son chapeau, il sortait, priant une femme de la vacherie de garder son frère pendant son absence.

Sans savoir où il allait, Gianni se trouvait toujours dans le bois de Boulogne, situé à quelque pas de sa porte, dans ce bois, où rejeté des grandes avenues par le joyeux bonheur de la promenade des heureux du jour, il s'enfonçait dans une solitaire petite allée.

Là, exaltées par la marche, les pensées de sa douleur se mettaient à parler tout haut, et devenaient en quelque sorte ces espèces de cris entrecoupés, par lesquels ont besoin de jaillir d'une poitrine les grands et profonds chagrins qui se trouvent tout seuls.

« Est-ce assez bête !.... quoi, n'étions-nous pas gentiment comme nous étions..... pourquoi avoir voulu autre chose..... la belle nécessité, je vous le demande un peu, qu'il soit dit qu'un saut que les autres n'avaient pas fait... nous l'ayons fait, nous !..... ah, misère !..... et ce que ça lui rapporte ?...., c'est moi !..... car lui..... il n'avait pas ce sacré désir de faire parler de lui !..... non, non..... et oui, et quand l'enfant renaclait..... c'était moi qui lui disait: aille donc!....., et il allait malgré ça.... il allait... parce qu'il se serait jeté à la rivière, si je lui avais dit.... ah! si aujourd'hui, on pouvait revenir au temps de la *Maringotte* !.... merci, comme je lui dirais... va soyons des saltimbanques de baraque, toute notre chienne de vie, et boulottons comme ça.... C'est moi !... oui c'est moi tout seul... la cause du malheur ! »

Et longtemps, songeant à l'épanouie jeunesse de son frère, à l'indolence et à la paresse de sa nature, à la pente de son caractère à se laisser doucement vivre, sans effort et sans recherche de gloriole, il se remémorait tout ce que lui avec son exemple, son vouloir de célébrité, son dur célibat, avait contrarié, gêné, empêché dans cette vie toute sacrifiée à la sienne, et cela jusqu'au moment, où au milieu de sa songerie, s'échappait de la bouche de Gianni avec l'accent d'un remords :

« Et puis..... n'était-ce pas clair comme le jour..... c'était lui qui avait tout le *chiendent* de la chose !..... qu'est-ce que je risquais, moi !..... tandis que lui..... cinq pieds de plus... cinq pieds de plus en hauteur à sauter..... et dans cette tête n'être pas venu, un instant, l'idée qu'il pouvait se tuer..... Oui, oui, elle est bonne..... là dedans, j'étais le monsieur qui a ses mains dans ses poches..... Carnage !... Je suis foutûment coupable ! »

Et se mettant à marcher à grands pas rapides, dans une colère silencieuse, de sa canne, il fouettait, à droite et à gauche, les hautes herbes des deux bords de l'allée, trouvant au penchement brisé sur leurs tiges des pauvres plantes du petit chemin, un soulagement à sa souffrance.

LXXII

Le chirurgien pris de sympathie pour les deux frères et leur touchante fraternité, et qui était venu tous les jours de cette première semaine, lever l'appareil, le relâcher, le reserrer, disait à Gianni, lors de sa dernière visite.

« Il n'y a pas de dérangement dans la position du membre... tout gonflement a disparu... le *cal* se fait normalement... et ces nuits sont toujours mauvaises, dites-vous?... il n'y a plus de fièvre cependant... voyons, puisque vous le désirez, je vais toujours vous donner quelque chose pour le faire dormir. »

Et il écrivit un bout d'ordonnance.

« Cela est visible, reprit le chirurgien, votre frère a l'ennui de son immobilité... de la malheureuse interruption de ses exercices... il se mange, il se dévore, le jeune garçon !... mais l'état général, soyez-en bien persuadé, n'a rien d'inquiétant... et d'ici à quelques jours, cet état nerveux, cette excitation, ces insomnies auront disparu... ah, pour les jambes par exemple, ce sera plus long ! »

— « Qu'est-ce que vous croyez, monsieur, qu'il sera obligé de rester comme cela ? »

— « Je crois qu'il ne pourra prendre les béquilles qu'au bout de deux mois... dans une cinquantaine de jours d'ici... du reste, les béquilles, commandez-les... lorsqu'il les verra, ce sera pour lui l'espérance de prochainement marcher. »

— « Et quand, monsieur..... »

— « Ah, vous allez me demander sans doute, mon pauvre ami, quand il sera à même de reprendre son métier... s'il n'y avait que la fracture de la jambe gauche, mais ce sont les fractures de la jambe droite... de bien graves fractures qui intéressent l'articulation... Ah, parbleu,— continua-t-il, voyant la tristesse venue sur la figure de Gianni,— il marchera, il marchera sans béquilles, mais... Enfin la nature fait quelquefois des miracles... voyons, avez vous encore quelque chose à me demander? »

— « Non » fit Gianni.

LXXIII

L'opium des potions calmantes que prenait le soir Nello mettait, dans la fièvre de son sommeil tumultueux, des visions troubles.

Il rêvait une nuit qu'il était au Cirque. C'était le Cirque et ce n'était pas le Cirque, ainsi qu'il arrive dans les rêves, où, chose étrange, nous nous reconnaissons dans des lieux qui n'ont rien gardé d'eux-mêmes et dans lesquels tout est changé. Enfin ce jour-là, le Cirque avait pris des proportions immenses, et les spectateurs, qui étaient assis de l'autre côté de l'arène, lui apparaissaient vagues et sans visage, comme des gens assis à un quart de lieue de lui, et les lustres qui semblaient faire à tout moment des petits, ne pouvaient se compter, et la lumière des lustres était bizarre et un peu semblable à celle que les bougies mettent au fond des glaces, et il y avait un orchestre grand comme tout un théâtre, et où les musiciens se démenaient comme des diables, sans faire aucun bruit sur leurs violons muets et dans leurs cuivres sans sonorités. Et dans l'espace infini, on ne voyait dans l'air que tourbillonnements de petits corps d'enfants au-dessus de pieds d'hommes invisibles, que fuites rapides de chevaux portant sur leur queue au vent des écuyers, que paraboles de corps de gymnastes, ne se décidant pas à tomber et flottant à l'image de corps qui n'auraient pas de pesanteur. Et dans le lointain s'enfonçaient des corridors de trapèzes que parcourait, volant, un saut périlleux qui durait toujours; et s'ouvraient des avenues d'interminables ronds de papier, au travers desquels passaient éternellement des femmes habillées de gaze, pendant que de hauteurs pareilles aux tours Notre-Dame, descendaient de sautillantes et impassibles danseuses de corde.

Tout cela se brouillait, s'éffaçait sous le gaz pâlissant, et dans l'instant, de l'intérieur du Cirque, se précipitait un millier de clowns vêtus de noir, un squelette brodé en soie blanche sur leur souquenille collante, et, avec dans la bouche, des morceaux de papier noir qui leur faisaient de sombres trous de dents manquantes. Tous, emboités l'un dans l'autre, marchaient en se balançant d'un mouvement commun et unique, et faisaient le tour de l'arène, ondulant comme un long serpent. Des colonnettes sortaient de terre, et soudainement les mille clowns apparaissaient, chacun en haut de sa stèle, assis sur la pointe des fesses, les mains posées à plat sur la plante de ses pieds levés de chaque côté au-dessus de sa tête, et regardant le public entre ses jambes, avec l'immobilité de sphinx enfarinés.

De nouveau le gaz se ravivait, et avec la

lumière revenante, se remontrait une vie humaine sur les visages des spectateurs, tout à l'heure des visages de spectres, et les clowns noirs avaient disparu.

Alors parmi des sauts, de la voltige, des bonds, dont les paillettes rayaient un instant le ciel comme de lueurs d'étoiles filantes, tout rentrait en branle au milieu de désossements, comme il ne s'en est jamais vu, et d'anatomies dont on faisait avec les membres de caoutchouc des rosettes comme avec des rubans, et de géantes qu'on ployait tout entières dans des cassettes; un cauchemar de tout ce que le corps humain accomplit d'impossible, d'infaisable. Et en les absurdités du rêve, et se mêlant et se confondant dans son sommeil, les choses qu'il avait à peu près vues avec les choses que lui avait. lues son frère, Nello voyait un jongleur indien, se maintenant inexplicablement en équilibre, assis dans la bobêche d'un léger et gigantesque candélabre à deux branches; un Hercule contemporain enlevant par le marchepied, à la force de sa mâchoire, un omnibus plein; un acrobate antique sautant à cloche pied sur une outre gonflée et graissée; un éléphant dansant, avec toutes sortes de légèretés aériennes, sur un fil d'archal.

Le gaz baissait encore, les clowns noirs faisaient, un instant, une courte apparition sur leurs stèles.

Et le spectacle recommençait. C'était cette fois dans cette lumière, où les choses n'avaient plus pour ainsi dire de couleur, et où elles miroitaient avec les brillants glaceux et crystallins des figures et des sujets gravés dans les miroirs de Venise, c'était comme un blanc soleil d'artifice de jambes de femmes, de bras d'hommes, de torses d'enfants, de croupes de chevaux, de trompes d'éléphants, un mouvement rotatoire de membres, de muscles, de nerfs d'humains et d'animaux, dont la vitesse toujours croissante, donnait au dormeur une impression de fatigue et de souffrance par tout le corps.

LXXIV

— « Tu souffres, tu as encore souffert cette nuit,? » — dit Gianni en entrant dans la chambre de son frère.

— « Non... fit Nello, se réveillant,. — non... mais j'ai eu, je crois une fièvre de cheval... puis des rêves imbéciles. »

Et Nello raconta le songe qu'il venait de faire à son frère.

« Oui, reprenait-il, figure-toi... je me retrouvais assis là justement, dans cette place où j'étais, tu te souviens, le premier soir de notre arrivée à Paris... la place à gauche en bas tout contre la sortie... c'est singulier, hein?... mais le curieux n'est pas cela.... c'est quand tout ce monde rentrait dans l'intérieur du

Cirque… il me regardait alors avec cet air, tu sais… l'air sérieux, sur leurs figures effacées, des gens qui veulent vous faire du mal dans les rêves… attends encore… et tous ces drôles de bonshommes, lorsqu'ils passaient tout près de moi, me montraient à demi, — ça durait un instant, — un espèce d'écriteau que je me penchais pour voir…. et que je ne pouvais que très mal voir…. mais que je vois maintenant… un écriteau où c'était moi dans mon costume de clown…. avec les béquilles que tu m'as commandées hier. »

Et Nello s'arrêta brusquement dans son récit, et son frère resta, un grand et triste moment, sans trouver rien à lui dire.

LXXV

— « Máis, dites-moi, vous ?... avez-vous cherché à vous expliquer la substitution du tonneau de bois au tonneau de toile, ce tonneau de bois qui n'existait pas au Cirque, et qui s'est trouvé là par miracle. »

C'était le Directeur du Cirque qui était venu voir Nello, et causait avec Gianni seul, sur le pas de la porte de la maison des Ternes.

— « Ah oui, le tonneau de bois ! — fit Gianni, comme cherchant tout au fond de ses souvenirs, — c'est vrai.... il était sorti de ma tête, ce tonneau de malheur, depuis que je suis...... bien malheureux, monsieur,.... Mais attendez..... pourquoi au fait, était-elle là, elle qui n'assistait jamais aux représentations, où elle ne jouait pas..... et debout sur un banc dans le passage de l'entrée..... je la vois encore quand je suis passé emportant mon frère..... on aurait dit qu'elle attendait..... et puis au dernier moment, cet inconnu qui avait une lettre à me remettre et que je n'ai trouvé nulle part. »

— « Vous aussi vous soupçonnez la Tompkins, comme Tiffany, comme tout le monde, comme moi. Et votre frère, qu'est-ce qu'il croit ? »

— « Oh mon frère ! ça a été si rapide tout cela pour lui, qu'il n'a le souvenir que de sa chute à terre,..... il ne sait pas s'il a donné contre un tonneau en bois ou tout autre chose...... l'enfant croit avoir manqué son son exercice comme il arrive de manquer un exercice, voilà tout... et vous concevez que ce n'est pas moi qui irai..... »

— « Oui c'est bien probable, reprenait le Directeur du Cirque, — poursuivant son idée sans écouter Gianni, — bien probable..... d'autant plus que cette espèce de brute dont on n'a jamais su si l'ivrognerie était vraie ou jouée... l'homme qui a mis le tonneau en place... avait été admis aux écuries sur la recommandation de la Tompkins..... j'ai voulu le faire parler..... impossible !... il s'est laissé renvoyer sans dire un mot... mais avec toutes sortes de mauvaises choses sur sa face d'abruti..... ah, l'américaine est capable d'avoir laché une grosse somme pour ce vilain coup... Enfin mon cher, j'ai fait tout ce que j'ai pu, j'ai commencé une enquête... saviez-vous qu'elle avait quitté Paris le lendemain ? »

— « Laissez-là la méchante bête, si l'accident est arrivé par elle..... ce que vous ferez contre elle, ne me rendra pas les jambes de mon frère, » — dit Gianni avec le geste d'un de ces accablements où le désespoir ne laisse plus de place à la haine.

LXXVI

Les douleurs aiguës des membres brisés commençaient à n'être plus chez Nello que de vagues inquiétudes, et comme le sentiment agaçant du travail chatouilleur de la soudure dernière des os. Le jeune frère avait recommencé à manger, il dormait de longues nuits, et avec la santé, rentrait dans son corps la gaieté, cette gaieté recueillie et profondément pénétrée du bonheur de la convalescence. Le chirurgien enlevait les atèles, entourait la jambe droite d'un bandage dextriné, et fixait à l'alité un jour pour se lever, pour s'essayer à marcher dans la chambre avec ses béquilles.

LXXVII

Le jour impatiemment attendu, où Nello devait enfin sortir de l'immobilité et de l'horizontalité gardées pendant près de deux mois, Gianni faisait la remarque que leurs chambres étaient bien petites, qu'il faisait un beau soleil dehors, et lui proposait de tenter son premier essai de marche dans le pavillon de musique. Gianni allait le balayer lui-même, le débarrassait de toute herbe, de toute pierre, de tout gravier, sur lesquels son frère pouvait glisser. Alors seulement il apportait Nello là, où tous deux, l'été passé, s'étaient donnés de si charmants concerts. Et le jeune frère commençait à marcher, son aîné à côté de lui, et le suivant pas à pas, et prêt à l'enlever dans ses bras, si les pieds de Nello venaient à faiblir, à tourner.

« Est-ce drôle tout de même, — s'exclamait Nello sur ses béquilles, — il me semble que je suis un tout petit enfant... que je commence à marcher... là, pour la première fois... mais c'est vraiment très difficile de marcher, Gianni... comme c'est bête... ça paraît si naturel... quand on ne les a pas eu cassées... les jambes !... Et, puis tu crois peut-être que c'est commode à manœuvrer ces machines ?... oh mais, non !... quand je suis monté sur des échasses, sans savoir... ça allait mieux... c'est moi, par exemple, que cela gênerait, s'il y avait du monde pour me regarder... dois-je avoir l'air assez chose... oh ! ah ! ah ! oh ! diable ! diable !... on dirait que la terre n'est pas solide... attends ça va se remettre... ça ne fait rien... c'est du coton, mes pauvres jambes ! »

Et c'était vraiment pénible de voir l'effort

et la difficulté de ce jeune corps pour se tenir en équilibre sur ses pieds maladroits, et les timidités et les hésitations et les petites peurs qui lui venaient dans le travail pénible et basculant de mettre un pied devant l'autre, ou plutôt de faire un pas avec toujours le pied de la jambe la plus malade en avant.

Mais Nello s'entêtait à marcher quand même, et ses pieds, malgré leur manque d'aplomb, reprenaient un peu leur habitude d'être des pieds, et cette petite victoire amenait la joie dans les yeux du blessé, et le rire dans sa bouche. « A moi, Gianni, je vais tomber ! — s'écriait-il tout à coup en plaisantant, — et quand le grand frère effrayé l'entourait de ses bras, approchant la joue de sa bouche, il embrassait cette joue avec un petit mordillement de jeune chien.

La soirée fut toute rieuse, toute égayée du bavardage joliment jaseur de Nello, qui disait qu'avant quinze jours, il irait jeter ses béquilles dans la Seine, au pont de Neuilly.

LXXVIII

Il y eut ainsi dans le pavillon de musique six ou sept séances, pleines du bonheur du moment et de confiance dans le lendemain. Mais au bout d'une semaine, Nello s'apercevait qu'il ne marchait guère mieux que le premier jour. Et une quinzaine s'écoulait sans qu'il lui vînt la concience d'avoir gagné plus de solidité, plus d'assurance. Il voulait par moments se passer de ses béquilles, mais à l'instant saisi d'une terreur, de cet effroi trouble et un peu hagard, qu'on voit sur les visages des petits enfants allant vers deux bras tendus, et soudainement n'osant plus avancer et prêts à pleurer : un effroi qui, aussitôt qu'il les avait quittées, ses béquilles, les lui faisait ressaisir avec l'empoignement d'un homme qui se noie attrapant une perche.

A mesure que le mois où il avait commencé à marcher s'avançait, les quotidiens essais de marche de Nello devenaient plus sérieux, plus silencieux, plus tristes.

LXXIX

Les deux frères finissaient leur petit dîner, quand le plus jeune dit à l'aîné :

— « Gianni avant que ça finisse aux Champs-Élysées, je veux aller une fois au Cirque ?

Gianni, songeant à l'amertume que devait rapporter son frère de cette soirée, lui répondait ;

— « Eh bien quand tu voudras..... mais dans quelques jours. »

« Non, c'est ce soir, ce soir que je veux y aller, oui, ce soir, » — reprit Nello, prenant ce ton subjuguant de la parole, avec lequel autrefois, il entraînait l'indécision de son frère à faire quelque chose qu'il désirait.

— « Allons-y, dit Gianni d'un air résigné, — je vais dire à la vacherie qu'on aille nous chercher un fiacre. »

Et il aida son frère à s'habiller, mais en lui tendant ses béquilles, il ne put s'empêcher de lui dire :

— « Tu t'es déjà pas mal fatigué aujourd'hui, tu devrais attendre un autre jour. »

Nello de sa bouche moitié rieuse, moitié tendre, fit la moue d'un enfant dont le caprice demande à n'être pas grondé.

En voiture il était joyeux, parleur et plein de gaietés amusantes qu'il interrompait par d'aimables et ironiques. : « Voyons, dis-le, ça te fait de la peine de me voir comme ça ? »

On arriva devant le Cirque. Gianni prit son frère dans ses bras, le descendit, et quand celui-ci se fut établi sur ses béquilles et que tous deux allaient se diriger vers la porte :

— « Pas encore, » —fit Nello, devenu tout à coup sérieux à la vue du bâtiment aux rosaces flamboyantes et d'où s'échappaient de sonores bouffées de musique.

« Oui, pas encore, voilà des chaises, asseyons-nous un instant. »

C'était un jour de la fin d'octobre, pendant lequel il avait plu toute la journée, et à la fin duquel on ne savait pas bien s'il ne pleuvait pas encore, de ces jours d'automne de Paris, où son ciel, sa terre, ses murailles semblent se fondre en eau, et où, à la nuit les lueurs du gaz sur les trottoirs sont comme des flammes promenées sur des rivières. Dans l'allée déserte, aux deux ou trois silhouettes noires noyées dans le lointain aqueux, des feuilles crottées, soulevées par les rafales, accouraient vers les deux frères, et tout autour de leurs pieds, les rondes ombres des sièges d'innombrables chaises de fer, projetaient, sur le sol mouillé, l'apparence d'une de ces inquiétantes légions de crabes escaladant le bas d'une page d'un album japonais.

Soudain se fit entendre dans l'intérieur du

Cirque un bruit d'applaudissements, de ces applaudissements de peuple qui font l'effet de piles d'assiettes cassées dégringolant des cintres aux galeries des premières.

Nello tressaillit, et son frère vit ses yeux se porter sur les deux béquilles placées à côté de lui.

— « Mais il pleut ! » fit Gianni.

— « Non, » — répondit Nello comme un homme qui est à sa pensée et qui répond sans avoir entendu.

— « Eh bien frérot, voyons, entrons-nous enfin ? — dit Gianni au bout de quelques minutes.

— « Tiens, mon envie est passée..... oui, j'aurais honte de moi auprès des autres..... appelle une voiture..... et retournons. »

Pendant le retour, il fut impossible à Gianni d'arracher une parole à son frère.

LXXX

Le jeune frère avait maintenant des journées de complet découragement pendant lesquels il se refusait à marcher, restant tout le jour étendu sur son lit, en disant qu'il n'était pas en train.

Gianni l'emmenait voir le chirurgien qui l'avait soigné. Il donnait, une seconde fois, l'assurance à Nello qu'il marcherait sans béquilles, un jour, prochainement. Mais de vagues paroles du chirurgien, de dubitatives interrogations, en un de ces soliloques pendant lesquels les hommes de la science se parlent à eux-mêmes, de phrases où il était question de solidification de l'articulation tibio-tarsienne, de la difficulté d'une flexion de la jambe droite sur le pied dans l'avenir, Nello rapportait aux Ternes l'inquiétude de ne pouvoir plus sauter, de ne pouvoir plus faire les exercices qui demandent la flexibilité et le ploiement du bas des jambes.

LXXXI

Peu à peu, sans qu'ils se la communiquassent, se glissait, chez chacun des frères, la pensée désespérante que l'œuvre et le bonheur de leur vie, l'association dans laquelle ils avaient mis en commun les amitiés et les adresses de leurs deux corps, était toute proche de ne plus être. Et cette pensée qui n'avait été d'abord chez eux que l'éclair traversant un cerveau que l'appréhension timorée d'une seconde, qu'un de ces doutes mauvais et fugaces, aussitôt repoussé par toutes les forces aimantes et espérantes d'une affection réciproque, devenait au fond d'eux, sous la succession des jours n'apportant pas de mieux, quelque chose de persistant et d'arrêté comme une conviction. Insensiblement et graduellement en l'esprit des deux frères se faisait ce travail noir, s'accomplissant secrètement dans un intérieur autour d'une maladie mortelle, et que ni le mourant, ni l'être vivant à côté de lui n'ont voulu croire mortelle dans le principe, et qui, avec ce que chaque semaine apporte de troublant, avec ce que les figures des gens donnent à lire, avec ce que les sous-entendus des médecins laissent deviner, avec ce que les songeries des heures d'ombre et les ruminements de l'insomnie rappellent, avec tout ce qui parle aux alarmes, tout ce qui instruit les ignorances, tout ce qui murmure dans la chambre silencieuse : la mort! la mort! la mort! transforme petit à petit, par une lente série de cruelles acquisitions et de suggestions démoralisantes, l'inquiétude vague et passagère de la première heure, en la certitude absolue pour l'un qu'il va mourir, pour l'autre qu'il va voir mourir.

LXXXII

Nello était étendu sur son lit, couché tout de son long, une couverture brune jetée sur jambes raides, et triste et muet, ne répondait pas aux paroles de son frère, assis à côté de lui.

« Tu es jeune, tout jeune, lui disait Gianni, ça reviendra, mon enfant..... et puis s'il fallait passer un an, deux ans sans exercer.... eh bien, nous attendrons... il nous en restera encore pas mal... des années pour faire des tours. »

Nello continuait à ne pas répondre.

En la chambre, tout était effacé autour des deux frères par la nuit doucement venue dans le jour tombé, et parmi les ténèbres de l'heure mélancolique, ne se distinguaient plus guère que comme de pâles taches, leurs deux visages, les mains croisées du plus jeune sur la couverture, et dans un coin l'argent de son costume de clown accroché à une patère.

Gianni se leva pour allumer une bougie.

« Laisse nous encore là dedans, » fit Nello.

Gianni vint se rasseoir près de son frère et se remit à lui parler de nouveau, voulant enfin obtenir de Nello une parole qui espérât dans l'avenir, dans un avenir même lointain.

« Non, — c'était Nello qui interrompait son frère tout à coup, — je sens que je ne pourrai plus jamais *travailler*... plus jamais entends-tu, plus jamais... Et le désespéré « plus jamais » répété par le jeune frère, montait à chaque fois sur une note plus irritée, dans une espèce de crise de sourde colère. Puis finissant par frapper ses cuisses avec la douloureuse amertume de l'artiste qui a la conscience de son talent tué en lui de son vivant: « Je te le dis, s'écriait le malheureux jeune homme, ça c'est maintenant des jambes fichues pour le métier !. »

Alors il se retournait vers la ruelle comme s'il voulait dormir, comme s'il voulait empêcher son frère de lui parler encore. Mais bientôt de ce corps retourné, et le nez dans le mur, s'échappait une voix, où en dépit d'une volonté d'homme, il y avait comme la filtration de pleurs de femme.

«La belle salle cependant!...... le Cirque était-il plein, ce soir là?.... ah, tous ces yeux, comme ils étaient attachés sur nous!.... et cela qui battait dans notre poitrine et dont les autres avaient un peu.... et la queue du dehors...... et sur les affiches nos noms en grandes lettres.... te rappelles-tu, Gianni, quand tu me disais tout petit.... un tour nouveau, un tour inventé par nous... tu croyais que je ne comprenais pas.... mais si, je comprenais, et j'attendais comme tu attendais, toi... et malgré ce que je disais pour te taquiner, aussi pressé que toi, va.... et voilà au moment que ça y était.... eh bien, voilà, que c'est fini pour moi... les bravos ! »

Alors se retournant brusquement et prenant les mains de son frère : « Mais, tu le sais bien, disait Nello avec une intonation de caresse, je resterai heureux des tiens, ce sera toujours ça..... »

Et Nello ne lâchait pas les mains de Gianni qu'il pressait, comme s'il avait à lui faire une confidence qui avait de la difficulté à sortir de sa bouche. « Frère, — soupirait-il enfin, — je ne te demande qu'une chose..... mais il faut me la promettre... tu ne travailleras plus que tout seul.... un autre avec toi..... non, ça me ferait trop de peine..... tu me le jures, hein ?.... n'est-ce pas, jamais un autre....»

— « Moi, dit simplement Gianni, si tu ne guérissais pas tout à fait, je ne travaillerais plus avec un autre, ni tout seul. »

— « Je ne t'en demande pas tant, pas tant, » s'écria le jeune frère dans un mouvement de joie qui démentait sa phrase.

LXXXIII

A partir de cette soirée, à propos des choses et des exercices de son métier, dans les conversations avec son frère, avec les camarades qui venaient parfois le voir, Nello ne se servit plus jamais du présent. Il ne dit plus jamais : « Je fais cela comme cela..... j'arrive à la chose ainsi...... je prépare la machinette de cette manière, mais il dit: *Je faisais cela comme cela.... J'arrivais à la chose ainsi... Je préparais la machinette de cette manière....* Et ce cruel imparfait, revenant dans chacune de ses phrases, semblait dans sa bouche comme la froide reconnaissance de la mort du clown, et en quelque sorte son billet d'enterrement.

LXXXIV

A mesure que le temps s'écoulait, sans amener même le jour où Nello pouvait enfin se passer de ses béquilles, c'étaient chez le jeune frère des absorptions, des concentrations, des abîmements muets, avec, sur sa douce figure qui avait désapris le sourire, quelque chose d'inexprimablement douloureux. Comme enfoncé et perdu tout au fond de lui, Nello avait maintenant, lorsque son frère venait à lui parler, un « hein ? » qui était comme l'éveil, le retirement d'un homme d'un mauvais rêve. Et presque jamais plus, il ne faisait une réponse directe aux interrogations de Gianni.

— « Pourquoi, lui disait l'aîné, pourquoi es tu si découragé aujourd'hui ? »

— « Lis-moi un peu d'Archangelo Tuccaro, » répondait le jeune, après un silence.

Et le frère aîné prenant le livre, s'arrêtait dans sa lecture au bout de quelques instants, s'apercevant que Nello ne l'écoutait pas, qu'il était tombé dans une tristesse faite de pensées si angoisseuses, que cette terrible tristesse lui donnait envie de pleurer sans qu'il osât l'interroger. Dans ces journées entièrement passées près de son frère, il arrivait une fois par hazard que Gianni quittait un moment Nello, et bientôt, par la fenêtre de sa chambre ouverte, Nello entendait un quart d'heure, une demi-heure la sonnerie des anneaux du trapèze autour duquel tournait Gianni.

Quand Gianni rentrait, il trouvait son frère tout singulier, avec quelque chose d'agacé et de contradicteur dans l'esprit. Et une fois que Gianni avait laissé le trapèze lancé à toute volée et que la petite sonnerie était longue à mourir dans le gymnase, après deux ou trois retournements d'impatience sur son lit, Nello dit tout à coup à Gianni :

« Va le faire finir.... il m'ennuie.... ce bruit ! »

Gianni comprenait, et depuis ce jour il abandonnait entièrement ses exercices

LXXXV

Il y avait des moments, où un peu du cœur de Nello semblait s'en aller au fond de sa tristesse, et où il paraissait à Gianni ne plus trouver chez son frère l'affection des jours passés, des jours valides. Cette amitié, cette amitié qui était le gros lot de son bonheur sur la terre, cette amitié n'était plus en tout la même. « Non, je ne me sens plus aimé par lui comme il aimait, » se répétait Gianni ; — et malgré tout ce qu'il pouvait se dire, la conscience de ce que lui volait de tendrement aimant, l'état moral du cher estropié, le jetait dans une espèce de souffrance colère qui avait besoin d'agitation et de mouvement.

LXXXVI

Une nuit Nello s'éveilla.

Par la porte qui restait toujours ouverte entre les deux chambres, de sorte que lorsque l'un des deux frères ne dormait pas, il pouvait entendre la respiration de l'autre, Nello n'entendit rien.

Il se souleva sur son séant, tendit l'oreille. Encore rien. Il n'y avait dans la chambre de son frère, que le bruit de la vieille et grosse montre de leur père qui faisait le bruit des montres d'autrefois.

Sous le coup d'une de ces alarmes irraisonnées, qui viennent pendant les heures nocturnes aux soudains réveils, il appela une fois, deux fois Gianni. Pas de réponse.

Nello se jeta à bas de son lit, et sans prendre ses béquilles, et s'accrochant aux meubles, et marchant comme il pouvait, alla jusqu'au lit de son frère. Il était vide, et les couvertures défaites et rejetées en tas disaient que Gianni s'était relevé après qu'il s'était endormi, lui ! « C'était bien nouveau.... pourquoi son frère, qui lui disait tout, lui confiait tout.... s'était-il caché de lui pour sortir ?... » Une idée lui traversa la cervelle, et se dirigeant vers la fenêtre, ses yeux fouillèrent l'obscurité de l'ancien atelier du menuisier. « Oui ça éclairait bien peu..., mais il y avait une lumière là dedans. »

Alors il descendit l'escalier, traversa la cour, se traînant sur les mains, sur les genoux.

La porte était entrebaillée ; à la lueur d'un bout de chandelle posé à terre, Gianni s'exerçait sur le trapèze.

Nello entra si doucement que le gymnaste ne s'aperçut pas qu'il était là. Et agenouillé, le jeune frère regardait son aîné volant dans l'air avec l'agilité furieuse d'un corps vaillant et de membres intacts. Il le regardait, et, en le voyant si souple et si adroit et si fort, il se disait qu'il ne pourrait jamais renoncer aux exercices du Cirque, et cette pensée tout à coup lui fit monter aux lèvres un déchirant sanglot.

L'aîné, surpris par ce sanglot au milieu de son tourbillonnement, retomba assis sur le trapèze, pencha en avant la tête vers l'espèce de paquet douloureux rampant dans l'ombre, par une secousse violente détacha le trapèze qu'il lança au travers de la baie vitrée, volant en éclats, courut à son frère, le souleva contre sa poitrine.

Et tous deux, dans les bras l'un de l'autre, se mirent à pleurer, à pleurer longtemps, sans se dire une parole.

Puis l'aîné, jetant un regard qui enveloppa toutes les choses de son métier et leur dit adieu dans un renoncement suprême, s'écria : « Enfant, embrasse-moi...., les frères Zemganno sont morts.... il n'y a plus ici que deux racleurs de violon.... et qui maintenant en joueront.... le derrière sur des chaises. »

FIN.

www.ingramcontent.com/pod-product-compliance
Lightning Source LLC
Chambersburg PA
CBHW070438170426
43201CB00010B/1135